KB059795

20대

오늘, 한국 사회의 최전선

앎과삶 시리즈 02

20대

오늘, 한국 사회의 최전선

한기호 외 지음

한국출판마케팅연구소

'앎과삶' 시리즈를 시작하며

대학은 몰락해가고 있다. 글로벌 신자유주의의 시장주의 경쟁체제에 편입되어버린 대학이 제 한 몸 가누기에 급급해지면서 대학은 존재가치를 크게 잃어가고 있다. 생산효율만을 중시하는 대학들이 'CEO 총장' 모시기 경쟁에 여념이 없고, 대학 간부들이 대기업이나 정부에 프로젝트나 운영자금을 따내는 전문 로비꾼으로 전락하고, 비판적 지식인은 찾아보기 어려운 데다 권력과 자본에 영혼을 파는 지식인만이 득실거리는 대학은 더 이상 대학이 아니다.

대학에는 이미 스승이 존재하지 않는다. 오로지 매뉴얼화된 수업을 파워포인트로 성실히 수행해 자리 보전하기에 급급한 교육 노동자만이 존재할 뿐이다. 그들을 '프로페서리아트'로 불러도 무방할 것이다. 프로페서에 프롤레타리아트를 합친 것 같은 존재 말이다. '잡상인과 대학교수 출입금지'라는 경고문이 나붙어 있는 고등학교에 학생 모집하러 가거나 인연이 닿는 기업에 졸업생 일자리 알아보러 다니기에 급급한 그들은 강의를 제대로 할 시간이나 연구할 시간이 없다. 학생들 관리가 너무 힘들어 종종 졸업생 취업률을 조작하는 범죄를 저지르기도 하는 그들은 인간성을 상실해가는 모습까지 보여주고 있다.

지금 젊은이들은 왜 대학을 가는가? 진리를 탐구하러? 전문적인 지식이나 기술을 습득하려고? 오로지 학벌 사회에서 살아남기 위한 자격증을 획득하고 기업이 요구하는 스펙을 쌓기 위해 대학에 간다는 것이 정답일 것이다. 하지만 그것마저도 유효성이 끝나가고 있다. 아무리 우수한 대학을 졸업해도 연봉 많고 정년이 보장되는 알토란 같은 일자리를 차지하기는 하늘에 별 따기만큼이나 어렵기 때문이다. 어렵게 상장기업의 관문을 통과하더라도 1년 안에 둘 중 하나는 그만두게 마련이다. 그리고 대다수는 최저임금을 겨우 웃도는 비정규직 노동자로 전락하고 있다.

이렇게 유효성이 사라진 대학을 가기 위한 정거장으로 전락한 초등학교와 중·고등학교 또한 존재 가치를 잃어가고 있다. 3세 이상의 어린이 가운데 97퍼센트가 사교육 시장에 내몰리고 있지만 이 땅에서 바람직한 교육이 이뤄질 것을 기대하는 사람은 없다. 카이스트 학생들의 잇따른 자살, 고려대학교 3학년 김예슬의 자퇴 선언, 반값 등록금 파동, 대학 교수들의 인문학 위기 선언 등은 우리 교육이 얼마나 총체적인 위기에 처했는지를 설명하고 있다.

대학이 설 자리를 잃은 마당에 그곳에 인문학이 살아 있을 리가 만무다. 대학 강단에서 버림받은 인문학이 교도소, 실직자, 주부, 직장인, 청년백수 등 인문학 없이도 세속적인 삶을 살 수 있을 것으로 여겨졌던 사람들에게서 큰 인기를 얻고 있다. 대학, 나아가 교육이 아무리 몰락해도 현실에서 살아남아야 하는 인간은 인문학에 대한 갈구가 심각하다. 그러다 보니 대학 밖의 대학, 즉 대안지식공동체, 또는 대학 밖 인문학 단체들이 속속 탄생하고 있다.

10여 년 전 출범한 연구공간 수유+너머와 철학아카데미를 필두로 다중지성의 정원, 아트앤스터디, 대안연구공동체CAS, 문지문화원 사이, 푸른역사 아카데미 등 인문학 운동을 기치로 설립된 이들 공동체는 치열한 사유, 열린 토론, 그리고 '앎과 삶'의 일치를 내세우며 접속과 연대를 강조한다.

하지만 생존에 시달리느라 그런 공동체를 찾기에도 버거운 사람들은 자신에게 '앎'과 '삶'의 좌표를 제시해줄 스승을 갈구한다. 현재로서는 그만한 스승으로 책보다 소중한 것이 없다. 미래학자들은 120세까지 일하는 날이 도래하고 일생에 여덟 번 직업을 바꿀 수 있는 시대가 올 것이라고 예견한다. 이미 직업 선택이 중요한 게 아니라 어떤 직업을 선택해도 성공할 수 있는 역량을 갖춘 '준비된 나'가 필요하다. 그런 사람들은 자신이 필요한 분야의 책을 읽어낼 수 있는 역량부터 갖추어야 한다.

12년 6개월 만에 300호를 돌파하는 〈기획회의〉는 테마별로 꼭 읽어야 할 책 30여 권을 소개하고 그 테마의 의미를 밝히는 '앎과삶' 시리즈를 새로 시작한다. 그 첫 번째로 교육, 20대, 중국을 주제로 한 책 세 권을 동시에 펴낸다. 총선과 대선이 동시에 치러지는 내년에는 온 나라가 교육에 대한 토론으로 날을 지새울 것이다. 그래서 첫 번째 주제는 '교육'이다. 책 선정은 교육 현장에서 열렬한 운동을 펼치는 교사들이 해주었다.

두 번째 주제는 '20대'다. 현재 세계는 신자유주의의 온갖 모순을 젊은이들에게 떠넘기고 있다. 한국의 '88만원 세대'와 유럽의 '천 유로 세대', 일본의 '비참 세대', 미국의 '빈털터리 세대'는 모두 20대 젊은이를 지칭한다. 이웃 일본에서는 니트족, 캥거루족, 파라사이트족, 하류사회 등 나쁜 용어는 모두 젊은이를 지칭하고 있다. 우리나라에서는 30대 초반에 인생을 땡친다는 '3초땡'이나 미래를 장담할 수 없어 연애, 결혼, 출산을 포기하는 '3포 세대'라는 신조어마저 등장했다. 이런 현실에서 20대 청춘을 위로하는 책들의 베스트셀러 행진이 계속되는 가운데 20대 당사자들의 목소리 또한 높아가고 있다. 20대에 대한 책들은 20대 당사자 담론을 펼친 젊은이들이 골라주었다.

세 번째 책은 중국이다. 이명박 정권의 최대 실정 가운데 하나는 남북문제다. 지금 한반도는 '천안함 사건'과 '연평도 사건' 등으로 극한의 대치로 치닫고 있다. 경제 위기에 몰린 북한은 우리와의 협력을 포기하고 중국과의 연대를 꾀하고 있다. 하드파워 전략으로 전 세계의 비난을 자초한 미국과 달리 소프트파워 전략을 취하는 중국은 아프리카, 아시아, 남미 등에서 서로가 공존할 수 있는 윈윈전략으로 세계의 마음을 얻어가고 있다. 중국의 소프트파워 전략을 이해할 수 있는 책의 선정은 사마천의 『사기』를 20년 이상 연구해온 중국 전문가 김영수 씨가 해주었다.

'앎과삶'은 앞으로도 우리 사회의 첨단 이슈와 누구나 알아야 할 중요한 테마에 대한 책을 선정해 소개할 것이다. 앞으로 이 시리즈에 대한 많은 비판과 격려를 부탁드린다.

한기호 한국출판마케팅연구소 소장

차례

■**머리말** '앎과삶' 시리즈를 시작하며 ·· 005
■20대, 위기의 한국 사회를 이끌 최전선의 투사 •한기호 ·················· 013

1. 문학, 20대를 말하다

설탕파우더의 두께 •강경석 ··· 028
김애란 『침이 고인다』

문이 열리고 20대를 보기 시작했다 •이윤주 ·· 033
김혜나 『제리』

쉼표 하나만큼의 성장소설 •금정연 ··· 039
문진영 『담배 한 개비의 시간』

속물 권하는 사회 •강유정 ·· 045
오현종 『거룩한 속물들』

'노웨어맨'의 세상에서 탈출하기 •조은영 ·· 050
염승숙 『노웨어맨』

2. 청춘의 그라운드에 관한 고찰

청춘 탐구와 시대 탐구 •한윤형 ··· 056
엄기호 『이것은 왜 청춘이 아니란 말인가』

'무골호인들의 지옥'에 관한 예리한 소묘 •박권일 ·································· 061
한윤형·최태섭·김정근 『열정은 어떻게 노동이 되는가』

자학의 시詩로 청춘을 노래하다 •임지선 ┄┄┄┄┄┄┄┄┄┄┄┄ 066
정상근『나는 이 세상에 없는 청춘이다』

신자유주의 시대의 20대, '공포'와 '불안'을 넘어서 •양승훈 ┄┄┄┄┄ 071
우석훈『혁명은 이렇게 조용히』

새로운 사회적 연대를 꿈꾸는 혁명가 •이현우 ┄┄┄┄┄┄┄┄┄┄┄ 076
박가분『부르주아를 위한 인문학은 없다』

불안정 노동자의 성난 기운이 힘으로 뭉치길 •권문석 ┄┄┄┄┄┄┄┄┄ 081
아마미야 카린·우석훈『성난 서울』

열 사람의 한 걸음을 위한 자기계발서 •김슷캇 ┄┄┄┄┄┄┄┄┄┄┄┄ 086
이승환『고 어라운드』

연대와 공감의 길 찾기 •곽중현 ┄┄┄┄┄┄┄┄┄┄┄┄┄┄┄┄┄┄┄ 091
조성주『대한민국 20대, 절망의 트라이앵글을 넘어』

이제 골방이 아닌, 이웃으로 돌아가라 •김종락 ┄┄┄┄┄┄┄┄┄┄┄ 096
안치용·윤송이·정수지 외『청춘은 연대한다』

3. 이것은 다만 나의 이야기

요새, 젊은, 것들의 자의식 혹은 자위식 •김종휘 ┄┄┄┄┄┄┄┄┄┄ 102
단편선·박연·전아름『요새 젊은 것들』

꿈을 어디 처박아뒀는지 모르겠는 20대의 자화상 •안은별 ┄┄┄┄┄ 107
유재인『위풍당당 개청춘』

시시콜콜함에 대한 어느 대화 •단편선 ┄┄┄┄┄┄┄┄┄┄┄┄┄┄┄ 112
서나래『낢이 사는 이야기』

그래도 그는 행운아 •고건혁 ┄┄┄┄┄┄┄┄┄┄┄┄┄┄┄┄┄┄┄┄ 117
달빛요정역전만루홈런『행운아』

풍문을 뛰어넘어 20대를 성찰하다 •김지숙 ┄┄┄┄┄┄┄┄┄┄┄┄┄ 122
문수현·박은하·원소정 외『이십대 전반전』

20대여, 냉소하라 더욱 냉소하라 •김민하 ┄┄┄┄┄┄┄┄┄┄┄┄┄┄ 127
한윤형『키보드 워리어 전투일지』

김예슬 선언은 무엇을 요구하지 못하나 •최수태 ┄┄┄┄┄┄┄┄┄┄┄ 132
김예슬『김예슬 선언』

'강남소녀'의 자기 역사 쓰기 •김원 ┄┄┄┄┄┄┄┄┄┄┄┄┄┄┄┄┄ 137
김류미『은근 리얼 버라이어티 강남소녀』

20대에게 '열린 사회'를 •김향미 ┄┄┄┄┄┄┄┄┄┄┄┄┄┄┄┄┄┄ 142
이여영『규칙도, 두려움도 없이』

4. 20대, 당신를 응원한다

'죽은 어른들의 사회'에 부치는 계몽의 전언 •변정수 ·············· 148
김어준 『건투를 빈다』

당신에게 통각痛覺의 발달을 권함 •김신식 ················· 154
김현진 『그래도 언니는 간다』

인생의 벗을 갖는다는 것 •김은지 ···················· 159
이인 『청춘대학』

만만한 게 청춘이다 •최태섭 ························· 164
김난도 『아프니까 청춘이다』

책 안 읽는 청춘에게 •김류미 ······················· 169
책꽂이 대학생 7인 『책 읽는 청춘에게』

장난 아닌 세상에서 머리 하나로 살아남는 노하우 •이여영 ········· 175
한기호 『20대, 컨셉력에 목숨 걸어라』

그럼에도 불구하고 낭만주의! •박동수 ·················· 180
이지성 『스무 살, 절대 지지 않기를』

인생에 매뉴얼은 없다 •박연 ······················· 185
김남훈 『청춘 매뉴얼 제작소』

■함께 읽으면 좋을 책들 ··························· 190

20대, 위기의 한국을 이끌 최전선의 투사

김애란의 첫 장편 『두근두근 내 인생』은 2011년 6월에 출간됐다. 작가가 문단에 데뷔한 지 9년만이다.

부모가 열일곱 철없는 나이에 낳은 아이 한아름은 주변 사람들의 관심과 사랑을 받으며 자라 어느덧 열일곱 살이 되었지만 누구보다 빨리 늙어버리는 조로증으로 말미암아 여든의 몸을 지니게 되었다. 책읽기와 글쓰기를 좋아하는 아름의 유일한 친구는 이웃의 예순 살 할아버지다.

소셜미디어가 바꾸는 삶

죽음과 고통을 곁에 두고 사는 아름이지만 그에게서 비장미란 찾아볼 수 없다. 누구보다 힘겨운 인생을 살지만 언제나 삶의 찬란한 순간을 포착해낸다. 아름은 어린 부모의 만남과 연애, 자신이 태어나기까지의 이야기를 소설로 써서 열여덟 번째 생일에 부모에게 선물하기로 마음먹는다. 그 단편소설 「두근두근 그 여름」은 소설의 마지막에 실려 있다. 이제 아름이 어떤 아이인지 그 단면을 한번 살펴보자.

이서하 님께

보내주신 편지 잘 받았습니다.

힘내라고 하지 않고, 기운 내라고 하지 않고,

행운을 빈다고 해주셔서 고맙습니다.

그쪽도 건강하세요.

병원비를 감당하기 어려운 집안 형편을 잘 아는 아름은 자진해서 성금 모금을 위한 다큐멘터리 프로그램에 출연한다. 이 프로그램을 본 동갑내기 여자아이 이서하가 메일을 보내오자 아름은 수없는 메일을 썼다 지웠다 하다가 답장을 보낸다. 이 답장도 보내자마자 지우려 하지만 그럴 수 없다는 걸 알고 안도한다.

'힘내라'와 '기운 내라', 그리고 '행운을 빈다'는 큰 차이가 없어 보인다. 그러나 트위터나 페이스북 같은 소셜네트워크서비스(SNS)에서는 천차만별의 의미를 가질 수도 있다. 세계적인 IT 전문가 니콜라스 카는 『생각하지 않는 사람들』(2011)에서 "날로 진화하는 소셜미디어가 인간의 사고능력을 매우 얄팍하고 가볍게 만든다. 인터넷은 관련 정보가 어디에 있는가를 정확하게 알려주지만, 인간의 자아를 구성하는 특별한 개인적 특성뿐만 아니라 우리가 공유하는 문화의 깊이와 특성까지 위협한다"고 경고했다. 하지만 지금 젊은이들에게 소셜미디어는 수단이거나 목적의 단계를 뛰어넘어 자신의 삶을 온전히 드러내는 삶 그 자체다.

그런 모습은 『두근두근 내 인생』에서 한아름과 이서하가 주고받는 메일에 확연하게 드러난다. 두 사람은 한 번도 만난 적이 없다. 그러나 두 사람은 서로를 깊게 의지한다. 어쩌면 인생 전부라 할 수 있다. 아름은 20대가 아니지만 정서적인 20대로 보고 이야기를 정리해보자. 어쨌든 서로에게 멘토가 되는 두 사람의 정서는 지금 우리 현실에서 자주 노출된다.

대표적인 것이 〈위대한 탄생〉이다. 요즘 방송 오락프로그램 중에서 '서바이벌'이 벌어지지 않는 것을 찾아보기는 어렵다. 21세기에 신자유주의 체제가 강화되어 냉혹한 정글자본주의가 지배하는 사회가 되면서 서바이벌 코드는 거의 유일하게 힘을 발휘하고 있다고 보아야 할 것이다. 〈슈퍼스타 K〉, 〈무한도전〉, 〈1박 2일〉, 〈남자의 자격〉 등 서바이벌 방송 프로그램은 왜 이렇게 인기인가? 남보다 잘살겠다는 욕망은 사치처럼 여겨지고 오로지 살아남는 것만이 절박해지는 세상이기 때문일까. 이들 서바이벌 상품을 즐기는 청소년들은 이 프로그램으로 자기계발의 욕구를 해결한다.

처음에는 서바이벌 프로그램에서 1등만 살아남았다. 그러나 요즘은 '의외성'에다 더욱 방점을 두는 것처럼 보인다. 가령 '최고의 능력'을 갖춘 출연자들의 '개인적 차이'를 무시하고 동일한 잣대로 비교해 탈락시킨다는 점에서 가학성이 폭력 수준인 〈나는 가수다〉에서는 출연자들이 미션을 수행할 때마다 1등이 바뀌는 것에서 시청자들은 쾌감을 느낀다. 1등을 정하는 것은 500명의 청중이다. 그래서인지 이 방송에서 가수가 부른 노래는 인기순위를 휩쓸어버린다. 탈락한 가수의 노래가 더 인기를 끌기도 하며 덩달아 그들의 인기도 치솟아오른다.

〈위대한 탄생〉에서는 멘토들로 구성된 심사위원 점수보다 전화투표로 이뤄진 시청자의 투표가 의외의 결과를 만들어냈다. 〈위대한 탄생〉은 멘토들의 설교조 발언 때문에 젊은 세대가 외면하는 바람에 망했다는 이야기도 나온다. 하지만 '김태원 어록'의 효과는 눈부셨다. "3등은 괜찮다. 3류는 안 된다" "너희가 돼야 너희 같은 사람들이 힘을 얻을 거 아냐" "여기까지라는 말은 없습니다. 항상 지금부터입니다" "앞으로 살면서는 1, 2절을 만들어야 합니다. 진영 씨의 후렴은 그 누구보다 아름답습니다" "청춘에게 실패란 없다. 실수만이 있을 뿐이다" "긴장하는 사람은 지고, 설레는 사람은 이긴다" "1등에 너무 치중하지 마. 난 개인적으로 그 대회가 끝난 다음에 너희의 삶이 더 중요해" 같은 김태원 멘토의 어록은 힘이 너무나 강력해 김태원의 멘티들을 끝까지 살리려는 시청자들의 움직임이 프로그램을 지배했고, 결국 김태원의 삶만 돋보였다는 지적이 나온다. 더구나 김태원이 암 수술 와중에도 멘티들을 지원했다는 이야기까지 나돌았으니 〈위대한 탄생〉이 낳은 최고의 스타는 김태원이라 할 것이다.

사라진 '어른'

2010년 12월 말에 출간된 『아프니까 청춘이다』의 저자 김난도 교수가 던져주는 어록도 김태원 어록과 견주어 만만치 않은 무게를 지녔다. "시작하는 모든 존재는 늘 아프고 불안하다. 하지만 기억하라, 그대는 눈부시게 아름답다" "기억하라. 그대가 노려야 할 것은 신인상이 아니라, 그대 삶의 주연상이다" "청춘이 정녕 힘든 이유는 부단히 쌓아야 하는 스펙 때문이 아니라, 한 치 앞을 내다볼 수 없는 미래에 대한 불안 때문이다. 보이지 않는 것은 모두 무섭게 마련이니까"

등의 김난도 어록 또한 오랫동안 청춘들의 아픔을 보듬어온 저자의 이미지가 투영됐다고 여겨졌기에 권위를 지니게 된 것이다. 이 책은 2011년 출판시장에서 독주하면서 곧 밀리언셀러에 오를 태세다.

지금의 멘토들은 힘겨운 인생역정을 겪어온 사람들이다. 임재범, 김태원, 박칼린이 그렇다. 그들은 인생을 조금 더 산 선배나 친구로서, 가만히 손을 잡아주거나 어깨를 두드려주는 사람들이다. 이렇게 어려운 현실을 살아가는 청춘들을 격려하고 응원하고 위로하고 위안하는 책이 늘어나고 있다.

2000년대 초반 출판시장에서의 멘토는 성공하기 위해서는 변화하라거나 스펙을 갖추라면서 사회와 학교와 조직, 심지어 가족에서까지 살아남을 수 있는 매뉴얼을 제시했다. 그 당시 멘토들은 일방적으로 가르치려 들었다. 하지만 그런 가르침이 통했던가? 언제나 '아이'는 '어른'에게서 배우려 한다. 어느 순간부터 '어른'은 사라졌다. 그러니 잘난 인간들을 부정하기 시작했다. '어른'의 대명사는 '아버지'일 수 있다. 2000년대 중반 어지간한 스펙으로는 '성공'이 힘들다는 것을 자각할 때쯤 20대들이 '아버지'마저 부정하기 시작했다.

보통 아버지는 존경이나 증오의 대상이 된다. "미당의 아비는 종이었고, 이문열의 아버지는 남로당이었다. 조세희의 아버지는 난쟁이였으며, 김소진의 아버지는 개흘레꾼이었다. 아비는 한국 문학사에서 극복되거나 화해해야 할 대상이었다. 한국문학에서 시원과 같은 존재"(「21세기 우리 문학의 징후」, 『21세기 한국인은 무슨 책을 읽었나』(손민호, 2007))였다.

달리 말하면 아버지는 박정희라는 근대화의 상징적 아버지이자

"1990년대 후반 한국 사회의 모순이 공개적으로 도출되면서 비판과 성찰의 대상이 되었던 한국 근대화의 이데올로기(남성/폭력/국가중심의 담론)"이기도 하다. 나아가 "1990년대의 '신세대'들이 산업화와 고루함에 '똥침'을 날리며 어른들을 충격과 경악"으로 몰아넣었던 '386세대'의 아버지였다.

'386세대'의 최대 업적은 기나긴 군사독재정권의 종말을 이끌어냈을 뿐만 아니라 세계 유일의 분단국가로 남아 있는 한반도의 긴장 해소에도 앞장섰다는 점이다. 그러나 그들은 세계화의 도도한 물결 아래 '먹고사는' 일만은 어쩌지 못했다. 본인노후, 부모간병, 자녀교육 등 '트릴레마(3대 인생고충)'에서 벗어나기는커녕 생존마저 버거워하는 존재였을 뿐이었다.

'지상의 방 한 칸'을 찾아서

문화평론가 김종휘는 건국 이후의 세대를 셋으로 나눈다. "먼저 전쟁 뒤 지천에 널린 가난을 벗어나려고 '하면 된다'라는 자의식으로 '허리띠 졸라맨' 세대는 건국과 성장을 맛보았다. 그 다음에는 뭐든 공부 좀 하면 성취하고 출세할 수 있었던 '머리띠 졸라맨' 세대가, 그 머리띠를 데모할 때도 사용하며 '해야 할 것과 해선 안 될 것'을 구별하는 자의식을 만들었다. 그리고 '요새, 젊은, 것들'이다."

20대를 전후한 '요새, 젊은, 것들'은 "회사와 술집과 집의 쳇바퀴를 돌리며 주식과 부동산 또는 〈100분 토론〉을 소비"하는 '머리띠' 세대와 달리 "소위 스펙과 알바와 자기소개서의 쳇바퀴를 돌리며 아이돌이나 〈나가수〉를 소비"한다. 따라서 우리가 눈여겨보아야 할 것은

"요새, 젊은, 것들이 저마다의 마음띠를 내보이면서 만들어가는 '공유되는 현실들our shared realities'이다. 이 공유되는 현실들이란 이런 저런 체험들이 누적되고 겹쳐지면서 내러티브를 만들어가는 마디들인데, 촛불로도 놀이로도 투표로도 모습을 달리해 종종 나타난다. 그 머릿수 정도를 두고 아직 약하다거나 소수라고 냉소한다면 이는 선배 세대들이 제 가치와 감성 체계로 요새, 젊은, 것들을 붙들어두려는 두려움이나 무책임의 소산"이 될 확률이 높다.

'요새, 젊은, 것들'의 모습을 핍진하게 그린 김애란의 첫 소설집『달려라, 아비』(2005)의 표제작에 등장하는 아버지는 아내의 임신 사실을 알고 나서 집을 나간 뒤 죽을 때까지 돌아오지 않는다. 자식이 아버지를 한 번도 본 적이 없다. 아버지는 공원에서 자식을 버리고 떠나는 등 사라짐을 반복할 뿐이다. 아버지는 사라졌지만 자식은 언제나 아버지의 유령과 씨름한다. 저성장 탈고용의 시대, 한 번 1등이 영원히 1등이 되어 다른 모두는 결코 사다리를 올라탈 수 없는 시대, 최저임금의 알바에 쫓겨 연애할 시간조차 마련하기 어려운 시대에 20대는 '프레카리아트precariat'가 되었다. 프레카리아트는 '불안정한precarious'이라는 형용사와 '프롤레타리아트proletariat'를 합성하여 만든 조어로 신자유주의 경제하에서 불안정한 고용·노동 상황에 있는 비정규직 및 실업자를 총칭하는 말이다. 이들은 경제적 프롤레타리아트일뿐만 아니라 '성적性的 프롤레타리아트'이기도 하다. 신자유주의에서 돈은 권력이다. 돈이 없는 경제적 프롤레타리아트는 결혼도 못 하고 애인도 없으니 섹스마저 마음대로 할 수 없다. 그래서 그들은 연애와 결혼과 출산을 포기하는 '3포 세대'가 되었다.

2007년에 우석훈과 박권일은 이들에게 '88만원 세대'라는 문패를 붙여줬다. 1년에 1,000만 원에 육박하는 등록금과 그에 버금가는 용돈과 생활비를 써가며 대학을 졸업해놓고도 비정규직 노동자가 되어 벌어들이는 돈이 '88만 원'에 불과하다는 것을 명쾌하게 정리했기에 단숨에 20대의 대명사가 됐다. 이후 대학을 졸업하고도 고시 공부를 하거나 공무원 시험을 준비하거나 대기업에 입사하기 위해 '취업 5종 세트'에서 '취업 8종 세트'까지 갈수록 종수가 늘어나는 '스펙 쌓기'에 혈안이 되었다. 그러나 경쟁에 승리해 안정적인 직장인 상장기업의 관문을 어렵게 통과한 사람들도 늘 퇴출의 공포 속에서 살아야 했다. 어느덧 지금은 상장기업에 입사한 사람의 둘 중 하나는 1년 안에 회사를 떠나고 있다. 안정된 미래에 청춘을 저당 잡히는 일에 목숨을 걸다시피 했지만 직장인의 실제적인 정년이 43세까지 낮춰지고 30대 초반이면 인생 땡이라는 '3초땡'이라는 신조어까지 등장할 정도로 상황은 더욱 악화됐다.

2007년에 김애란은 두 번째 소설집 『침이 고인다』를 펴냈다. 문학평론가 강경석이 "'자기만의 방(아마도 자신의 고유한 내면일)'을 찾아 도시의 이곳저곳을 떠도는 청춘의 생활기록부"라고 정리한 이 소설집에 등장하는 인물들은 하나같이 방을 찾아 나선다. 자신의 13평 원룸에 찾아온, 어머니에게서 버림받은 기억을 가진 후배와의 만남부터 헤어짐까지를 그리고 있는 「침이 고인다」의 원룸은 "샤워기 아래에 그것을 아주 사실적이고 감각적으로 깨달을 수 있"는 공간이다. 「도도한 생활」의 반지하 공간의 방에 놓여 있는, 주인공이 집주인으로부터 결코 치지 않겠다는 맹세를 하고서야 갖고 있을 수 있었던 피아노는 자존심의 표상이다. 「성탄특선」에서 한 쌍의 연인은 경제적 이유로 사귄 지 이태 동안은 성탄 전야를 함께 지낼 수 없었지만 정작 그 이유가 해소되고서는 밤새 함께 지낼 '지상의 방 한 칸'을 찾아 헤매다가 결국 뜻을 이루지 못한다.

「자오선을 지날 때」의 주인공은 책상 한 칸이 내 몫의 공간이다. 그는 '모든 사람이 지나가는 곳'인 학원 근처 여성 전용 독서실에서 임용 고사 재수생과 5급 공무원 시험을 준비하는 언니와 함께 지낸다. 「네모난 자리들」에서 '나'가 그렇게 힘들여 찾아간 방은 늘 부재의 방이다. 「기도」에서 '나'는 막내와 작은 원룸에서 함께 지내지만 9급 공무원 시험 준비를 하는 언니는 신림동의 월 14만원에 공동욕실과 PC실이 있는 방으로까지 쫓겨 간다.

김애란의 작품에 등장하는 '방'은 아마도 '지구방'으로 불러도 무방할 것이다. 손에 손을 맞잡고 사는 '지구촌'이 아니라 반 평에 불과할지언정 자신의 공간이라도 존재하면 그곳은 어디나 연결할 수 있는 지구방이다. 인터넷만 연결하면 그곳에는 시장과 도서관과 사교 클럽이 모두 존재한다. 따라서 그 방은 누구에게나 최소한의 자존심을 지킬 수 있는 공간이다. 반지하 방에 놓여 있는 치지도 못하는 피아노는 어쩌면 사치로 비친다. 10대 시절에 IMF 금융위기를 겪은 '88만원 세대'는 이렇게 '지상의 방 한 칸'을 유지하려고 몸부림쳤다. 그래서 그즈음 대통령 선거에 나선 후보들은 '일자리 창출'을 최고의 슬로건으로 내걸어야만 했다.

드디어 자기 목소리를 내기 시작한 20대

2008년에 『은퇴대국의 빈곤보고서』(2011)의 저자 전영수가 "상위 1%가 하위 99%를 쥐락펴락하며 그들의 푼돈조차 털어내려던 저질 범죄"에 가까웠다고 말한 '글로벌 금융위기'가 터졌다. "고삐 풀린 자본에게 도덕은 없었고, 공동체는 없었으며, 공익은 없었다. 오직 탐욕과 독점, 그리고 선민의식만 있었을 뿐"이다. 신자유주의의 실체를 정확하게 깨달은 다음부터 20대는 항우울증 치료제에 불과했던 미국산 자기계발서를 버리기 시작했다. 성공했다고 자부하는 '잘난' 인간이 근엄하게 던져주는 매뉴얼들을 가차 없이 버리기 시작했다. 이렇게 '거대한 강'을 건넌 뒤 20대의 생각은 크게 바뀌었다. '스펙'보다 '자아'가 더 중요하다는 것을 깨닫기 시작했다. 물론 자기계발의 욕구는 텔레비전 서바이벌 게임으로 일부 해결했다.

우석훈은 "토익책을 놓고 바리케이트를 치고 짱돌을 들라"고 소리쳤다. 그는 2009년에 일본 '프레카리아트 운동의 잔다르크'로 불리는 아마미야 카린과 함께 『성난 서울』을 펴냈다. 스무 살 때 극우파 가수로 활동하던 아마미야는 어느 날 좌파 감독 쓰치야 유타카의 실험적인 다큐멘터리 영화 〈새로운 신〉에 비디오카메라를 들고 직접 참여하면서 좌파로 변신한다. 갈수록 빈부격차가 심각해지는 '격차사회'에서 절망적인 처지로 내몰린 젊은 세대 운동에 뛰어든 아마미야는 "만국의 프레카리아트여, 공모하라!"고 외쳤다.

아마미야는 "세계화나 산업 구조의 변화, 경제 위기 등으로 모든 나라가 부담을 짊어지게 된 상황에서 특히 젊은 세대가 '전가轉嫁된 피해'를 떠안게 된 것은 아닌가"하는 의문을 품었다. 또 곤궁한 사람들을 더욱 벼랑으로 몰아세우는 인간 조건을 자신들의 손으로 바꾸고 싶다는 의지와 새로운 세계의 모습을 자유롭게 그려보고 싶어하는 사람들의 소망을 알아보고자 했다. 그리고 '한·일 프레카리아트 연대'를 위한 방법론을 찾아보기 위해 서울에 왔다. 그는 자신의 구호처럼 세계적인 연대를 꿈꿨다.

아마미야는 서울에서 문래동 철공소를 근거로 빈집 점거 예술운동을 벌이는 스콰트Squat 단체 '예술과 도시 사회연구소', 연구자들의 코뮌인 '연구공간 수유+너머', 이국인 노동자, 한국판 니트족인 백수, 양심적 병역거부자 등을 만났다. 그러고는 "거리에서, 천막에서, 철공소 한쪽 구석에서, 자신들의 손으로 일자리 만들기에 열중인 20대들의 손의 온기에서, 연구실에서, 함께 부딪히는 소주잔 소리에서, 슬픈 눈에 담긴 그러나 뜨거운 연대의 눈빛에서 나는 감히 희망의 씨앗을 보았다"고 말했다.

아마미야는 '자기책임'이라는 문제에서 벗어날 것을 촉구했다. 빈곤이나 일자리 문제가 사회구조에서 비롯되는 것이 아니라 개인의 능력과 책임에 달려 있다는 언설의 배후에는 '무능력 담론'이 도사리고 있다고 외쳤다. 무능력 담론은 비주류, 실업자, 백수, 부랑자, 주변부 청소년들에 대한 근대 자본주의의 전통적인 훈육 전략이었으나, 탈근대 자본주의에 이르면서 특정 계층이 아닌 사회 구성원 전체가 '무능력 담론'을 내면화하기 시작한다. 언제라도 추락할 수 있다는 공포 앞에서 사람들은 끊임없는(계속적인) '능력화'를 요구받는 것이다.

그래서일까? 2010년에 드디어 20대가 자기 목소리를 내기 시작했다. 고려대 경영대학 3학년 김예슬은 스스로 학교를 떠나며 대자보에

"오늘 나는 대학을 그만둔다, 아니 거부한다"라고 썼다. 25년 동안 우수한 경주마가 되어 트랙을 질주하며 무수한 친구들을 넘어뜨리고 홀로 살아남기를 강요받아왔던 김예슬은 취업이라는 관문을 통과하기 위한 자격증을 따려는 경쟁 질주만큼은 더 이상 못 하겠다고 선언했다.

김예슬은 "쓸모 있는 상품으로 '간택'되지 않고 쓸모없는 인간의 길을 '선택'하겠다"고 했다. 김예슬의 현실진단은 명쾌하다. 진리는 학점에 팔아넘기고, 자유는 두려움에 팔아넘기고, 정의는 이익에 팔아넘겼다. 온 삶을 바쳐 이뤄낸 '대학 가는 꿈'의 결과는 무직, 무지, 무능의 '3무無'다. 졸업 첫발부터 실업이고, 배울수록 무지를 학습하며, 대학생이 되고서도 제 앞가림 하나 못 하고 무능해져버렸다. 자급자립의 삶이 사라지고 자본권력이 삶을 움켜쥔 세계 경제시스템에서 자격증화, 인간부품화, 청년실업 문제는 필연일 수밖에 없다.

김예슬은 자신의 선언이 '극단적 선택'이 아닌 '최소한의 저항'이라고 했다. 그러면서 선언을 하기까지 '명박산성'보다 더 무서운 '부모산성'을 뛰어넘기가 힘들었다고 고백했다. 하지만 김예슬은 살아 있다는 것은 저항한다는 것에 다름 아니기에 기꺼이 억압받고, 상처받고, 저항하겠다고 자신이 나아갈 바를 확실히 했다.

'작은 돌멩이의 외침'이라는 제목의 에필로그에서 김예슬은 "길이 끝나면 거기 새로운 길이 열린다. 한쪽 문이 닫히면 거기 다른 쪽 문이 열린다. 내가 무너지면 거기 더 큰 내가 일어선다"며 누가 강한지는 두고 보자고 당당하게 자신의 포부를 밝혔다. 이렇게 스스로 나약한 존재라고 밝힌 김예슬의 선언은 완고한 한국 교육시스템에 균열을 심었다. 그리고 그 작은 균열은 수많은 균열을 낳았다. 많은 젊은 이가 에세이나 소설, 또는 인문서로 자신들의 이야기를 했다. 드디어 20대 당사자 담론의 백화제방 시대가 도래했다. 이 책에는 그중 의미 있는 진술에 대한 서평들을 모았다.

인생 앞에 홀로 선 젊은이들

20대들은 새로운 도덕(철학)을 알아보기 위해 마이클 샌델의 『정의란 무엇인가』(2010)를, 신자유주의의 대안을 찾아보기 위해 장하준의 『그들이 말하지 않는 23가지』(2010)를 열렬히 읽었다. 또 김난도의 『아프니까 청춘이다』를 읽으며 청춘을 위로받았다. 그리고 임재범, 박칼린, 김태원의 어록에 눈물을 흘렸다. 김애란의 『두근두근 내 인생』에 나오는 구절들을 트위터로 나르기 시작했다. 김어준의 『건투를 빈다』(2008), 엄기호의 『이것은 왜 청춘이 아니란 말인가』(2010), 김남훈의 『청춘 매뉴얼 제작소』(2010) 등 어른들의 말에도 귀를 기울였다.

책은 '탄광 속 카나리아'에 비유되기도 한다. 유독가스를 탐지할 측정기가 없던 시절, 광부들은 일산화탄소에 노출되면 바로 목숨을 잃는 카나리아와 함께 탄광에 들어갔다. 카나리아가 노랫소리를 그치면 광부들은 바로 탄광을 탈출해야 했다. 제목이나 광고 문안이 대중이 무의식중에 느끼는 시대 흐름과 맞아떨어져 초베스트셀러가 된 책이 바로 우리 사회의 카나리아라 할 수 있다. 동서고금을 통틀어 책의 히트와 시대의 유행은 마주보는 거울이다. 영화, 텔레비전 같은 엔터테인먼트 미디어나 트위터, 블로그, 페이스북 같은 소셜미디어의 위력이 아무리 커졌다고 해도 1년에 수만 종이나 출간된 책 가운데 특별하게 많이 팔린 책만큼 위력을 발휘하기는 어렵다.

2008년 가을에 터진 글로벌 금융위기 직전의 최고 베스트셀러는 『시크릿』이다. 이 책에는 "수세기 동안 단 1%만이 알았던 부와 성공의 비밀"이란 부제가 달려 있다. 당시 20대 청춘은 이 책도 하나의 '스펙'으로 여겼을 것이다. 하지만 그들이 추구하던 성공이 신기루에 불과하다는 것을 인식한 위기 이후에는 『아프니까 청춘이다』를 최단 시간에 밀리언셀러로 만들 태세다. 이 책의 부제는 "인생 앞에 홀로 선 젊은 그대에게"다. 부와 성공이 아닌 자기 인생을 추구하기 시작했다. 그래서 가슴이 두근두근하는 '젊은 그대'들을 이해하는 것은 한국 사회를 이해하는 것이나 마찬가지다. 김애란은 그들의 성장과정을 정확하게 이해할 수 있는 아이콘이다. 우리는 김애란과 30여 권의 서평을 모아놓은 이 책과, 이 책에서 언급한 책들을 읽으며 20대를 제대로 이해할 필요가 있다. 20대야말로 위기의 한국 사회를 이끌 최전선의 투사니까.

한기호 한국출판마케팅연구소 소장. 『20대, 컨셉력에 목숨 걸어라』(2009), 『베스트셀러 30년』(2011) 등의 저서가 있다.

문학,
20대를 말하다

설탕파우더의 두께

김애란은 영리한 작가다. 마치 자신의 음역을 완벽하게 이해하는 가수처럼 작품 안에서 빈틈없고 침착하다. 자기 음역을 충분히 활용하지 못하는 가수는 답답하지만 자기 음역 이상을 욕심내는 가수는 불편하다. 자신이 쓸 수 있고 또 써야 하는 것이 무엇인지를 아는 작가만이 이 모자람과 흘러넘침 밖에서 독자들과 만난다. 김애란은 바로 그런 소수의 비범한 작가들 가운데 한 사람이다.

그런데 이 비범함은 "나는 당신과 다르다"고 주장하는 흔한 종류의 것이 아니라 "나는 당신과 다를 바 없다"고 선언하는 역설적 비범함이다. 이 '다를 바 없음'은 물론 자기 세대의 감정구조에 대한 자각과 동일화에서 온다. 동시대의 평균율을 간파하는 예민한 음감의 소유자만이 이런 종류의 역설에 도달할 수 있다. 그러므로 김애란의 비범함은 김애란 세대(대략 2000년대에 20대를 경험한)의 비범함이다. 그는 '리더'가 아니라 '아이콘'이니까.

그렇다면 이들 세대는 어떤 감정구조를 공유하고 있을까. 키워드는 현실주의다. 불가능해 보이는 큰 꿈은 처음부터 갖지 않기. 멀리 있는 '최선'보다는 가까이 있는 '차악'을 선택하기. 그리고 비록 아프더라도 그런 삶을 긍정하기. 이 현실주의의 핵심은 '작아지는 것'이다. "서울에 온 지 7년이 다 돼가는데, 그중에는 내가 아직 한 번도 가보지 못한 동네가 많다. (…) 그러나 그러지 못한 것은 서울의 크기가 컸던 탓이 아니라, 내 삶의 크기가 작았던 탓이리라. 하지만 모든 별자리에 깃든 이야기처럼, 그 이름처럼, 내 좁은 동선 안에도—나의 이야기가 있을 것이다."(「자오선을 지나갈 때」, 118쪽)

이 "나의 이야기"야말로 우리 시대의 이야기이지 않은가. 10대 시절에 IMF 금융위기를 겪은 세대이니만큼 그들의 '작은 삶(현실주의)'은 속물적이기도 하다. '안정된 미래'에 청춘의 현재를 저당 잡힌 "잠시 지나가고 있는 중"(137쪽)인 삶들. "1999년 3월, 나는 처음 노량진역에 하차했다. (…) 철로 양쪽으로 즐비한 광고판이 보였다. 영어, 역사적 사명을 갖고 책임집니다. 대한민국 대표 강사 김영철 선생. 서울대! 서울대 출신 강사가 가르쳐야 갑니다. 유쾌한 과학 박남식 선생. 국가직 선

침이 고인다
김애란 지음, 문학과지성사, 2007

관위 경기도 문제풀이 大특강 현재 접수 중. 적중. 적중. 적중. 합격 신화는 계속됩니다. 이동성 경찰 학원. 노량진 수험가의 새로운 혁명. 노량진 행정고시 학원. 공무원 그 미래의 약속.”(127쪽) 이런 열거법은 대개 속물성의 풍자를 목적으로 하지만 여기서는 모종의 페이소스가 풍자를 압도한다. 풍자를 서글픔과 연민으로 승화한 것이다. 속악하지만 누구도 비난할 수 없고 우스꽝스럽지만 눈물겨운 이 ‘지나가는 중’인 삶. 김애란 세대의 현실주의는 ‘서글픈’ 현실주의다.

그러나 이 서글픔과 연민이야말로 김애란의 소설을 문제적인 무엇으로 만드는 원천이다. 그것은 지금 이곳에서의 삶이 ‘진짜’가 아닐 때, 그럼에도 그 바깥에 진정한 ‘진짜’가 존재함을 확신할 수 없을 때 찾아온다. 당장 현실을 바꾸지는 못하지만 그런 현실을 견딜 수 있게 하는, 그리하여 결국은 극복할 수 있게 해주는 “어떤 소중한 가짜”(「기도」, 204쪽)다. 삶의 진짜 문제로부터 도망치기 위한 탈출구가 아니라 삶의 진짜 문제로 되돌아가기 위한 징검다리인 셈이다. 표제작 「침이 고인다」에서 후배의 어머니가 어린 시절의 후배를 도서관에 버리고 떠나며 손에 쥐어준 “인삼껌”(58~61쪽)은 그 표상이다. 결핍의 시간대를 건널 수 있게 해주는 인공감미료의 맛. 주인공의 후배는 이렇게 말한다. “그날 이후로 사라진 어머니를 생각하거나, 깊이 사랑했던 사람들과 헤어져야 했을 때는” “떠나고, 떠나가며 가슴이 뻐근하게 메었던, 참혹한 시간들을 떠올려볼 때면” “지금도 입에 침이 고여요.”(61쪽) 고통의 기억을 떠올릴 때마다 그 고통의 도래를 지연해준 인공감미료의 달콤한 맛이 함께 떠오른다. 물론 이런 식의 조건반사에 불만을 가진 ‘어른’들도 적지는 않을 것이다. 문제의 본질에 직핍

하기보다 우회하거나 회피하는 것처럼, 그래서 미성숙한 것처럼 보이기 때문이다.

그러나 「침이 고인다」에서 인삼껌을 뽀얗게 감싸고 있던 것은 설탕 파우더만이 아니었다. 거기에는 같은 세대가 아니면 포착해내기 어려운 일종의 문화적 두께가 아우라aura처럼 드리워져 있다. "'지금'이 아닌 '다음'을 향해, 다음을 위해 달려가는 저 매혹적인 이야기의 끝을 오늘 밤 기어이 목도하고 싶다. 그녀는 동영상을 내려받을 수 있는 사이트에 접속한다. (…) 먼 곳에서, 수도관을 타고 날아오는 수천 마리의 나비 떼처럼—전자파를 타고 오는 바이트들이, 수많은 이야기의 점들이 그녀의 컴퓨터 위로 사뿐 내려앉는다."(「침이 고인다」, 79쪽) 기식하던 후배를 기어이 내보내고 혼자가 된 시간, 주인공은 후배가 남긴 반쪽짜리 인삼껌을 입안에 털어 넣고는 놀란 듯 중얼거린다. "아직 달다."(80쪽) 지금 이 순간 찾아온 감각의 확실성으로부터 부재와 결핍의 의미를 찾는 모험이 시작된다는 것. 이것이야말로 이들 세대의 문화이자 윤리이고 가능성이다.

따라서 '성숙/미성숙'의 낡은 프레임으로 김애란 세대의 감정구조를 분석하는 일은 시간낭비다. 이들은 태생부터 '정치적'이라기보다 '문화적'이었기 때문이다. 그것은 늘 직접적이기보다는 우회적이고 수직적이기보다는 수평적이다. 그런 의미에서 오래된 인삼껌에 아직 남은 인공감미료의 잔향은 어쩌면 시대정신의 변화를 예고하는 암시인지도 모른다. 그것은 아직 고양될 시간이 필요한 여리고 아득한 것이지만 가까운 장래에 자신의 무서운 얼굴을 드러낼 것이다.

사실 이 소설집은 '자기만의 방(아마도 자신의 고유한 내면일)'을 찾아 도시의 이곳저곳을 떠도는 청춘의 생활기록부라고도 할 수 있다. 「성탄특선」이나 「네모난 자리들」과 같은 작품들이 뛰어나게 묘사하고 있듯 어디에도 깃들지 못하는 젊은이들의 영혼 성장기인 것이다. "그러니 어쩌면 나는—사라진 말과 사라진 기억, 끝끝내 알 수 없거나 애초에 가져본 적 없는 장면, 그러면서도 오래전부터 알고 있던 것 같이 느껴지는 풍경과 함께, 무언가 실종된 것들 사이로 불어오는 시원한 바람을 먹고 자란 것은 아니었을까."(「네모난 자리들」, 220쪽) 저마다 부재와 결핍을 앓고 있는 김애란 세대의 청춘은 지금, 시시한 농담처럼 초라하다. 그러나 우리는 '지금'이 아닌 '다음'을 향해, 다음을 위해 달려가는 이 매혹적인 이야기의 끝을 기어이 목도하고 싶다. 빗물이 들어차기 시작한 지하셋방에선 비록 "매캐하고 비릿한 도시 냄새가"(「도도한 생활」, 37쪽) 나지만 각자의 손에 나누어 쥔 그 오래된 반쪽짜리 인삼껌에는 아직도 "사라질 듯 말 듯한 향신료의 흔적이" "먼지 냄새처럼 그윽하고 아련"(「침이 고인다」, 80쪽)하게 남았으니까.

강경석 문학평론가

문이 열리고
20대를 보기 시작했다

소설 『제리』는 노래바나 호스트바 '선수'의 별칭이자, 주인공 '나'가 무의식중에 갈망하는 사람이다. 제리는 한때 연예인을 꿈꾸기도 했지만, 이제는 꿈도 희망도 없이 누구에게도 선택받지 못하고 모두에게 따돌림만 당하다가 노래바 도우미가 된 스물한 살 청년이다. 그렇고 그런 이 바닥에도 에이스는 있고, 가냘프고 어려 보이는 제리는 그나마 에이스도 되지 못한다. 그는 에이스가 되려고 노력하면 할수록 빚만 더 늘어가고, 이 바닥 삶에서 결코 벗어나지 못할 거라는 불안에 시달린다.

소설 속 '나'가 제리를 갈망하는 까닭은 단순하다. 제리를 통해 자신을 보기 때문에. 저 나락의 밑바닥에 있는 제리를 통해 '나'는 자신을 끌어안으며 고통에 대해 말하는 법을 알아가기 시작한다. "문이 열리고 남자들이 들어오기 시작했다"(7쪽)는 말로 시작하는 소설은 "이내 문이 열리고 수없이 많은 내가, 내 안으로, 들어오기 시작했다"(222쪽)는 말로 끝을 맺는다.

문이 열리고, 20대가 열리고

수도권의 별 볼 일 없는 2년제 야간대학 학생인 '나'는 어느 날 미령 언니, 후배 미주와 함께 노래바에 들러 새벽까지 논다. '나'는 시간당 3만원에 이른바 '선수'를 골라 하인처럼 부리며 노는 노래바가 영 어색하다. 매 시간 파트너 바꿔가며 노는 것도 영 귀찮다. 그래서 한번 부른 선수를 다시 불러 놓았는데 그렇게 계속 부른 선수가 제리다.

미령 언니와 미주는 '나'가 이런 자리를 불편해하는 걸 더 불편해하는데, 이유인즉 평소에 '나'는 늘 술에 취해 남자 친구 강과 섹스를 하고, 아무 생각 없이 헤어지는 일을 반복하는 여자였으니까. 학창시절부터 문제아였던 '나'는 꿈이 무엇인지 묻는 질문이 가장 당혹스럽고, 죽는 게 두려워서라기보다 죽어서도 이따위 신세일까 봐 구질구질한 삶을 끝낼 수 없는 여자다.

'나'가 살아 있다는 느낌을 받을 때는 오로지 고통의 징후가 보일 때다. 예컨대 남자친구 강과 고통스런 섹스를 할 때나, 피어싱으로 몸에 가해지는 통증을 느낄 때다. '나'는 자학을 통해 내면의 결핍을 바라보고, 그 결핍을 통해 정체성을 확인한다.

제리에게 '루저'로서 동질감을 느낀 '나'는 강에게서 훔친 시계를 제리에게 건넨다. 그리고 밤새도록 입술을 물어뜯으며 불같은 섹스를 나눈다. 제리는 우연히 '나'의 휴대전 화 문자를 보게 되고, '나'가 다른 남자를 마음에 품고 있다고 오해한다. '나'는 제 리를 애타게 갈구하지만 그에게서는 연 락이 없다. 그러다 친구들과 다시 찾은 노래바에서 제리와 재회한 '나'는 외진 건물의 노래방에 들어가 그와 섹스를 한 다. '루저 중 루저'인 '나'와 제리가 나누

제리 김혜나 지음, 민음사, 2010

는 섹스는 수족관에서 벗어날 수 없는 금붕어들이 어쩔 수 없이 헤 엄치는 것과 같다.

『제리』는 밑바닥 인생을 통해 20대 청춘들의 불우한 단면을 그리 면서, 한편으로 왜 청춘들이 그 파멸의 굴레를 탈출하지 않는지를 나름대로 설명해보려 한 소설이다.

얼핏 농도 짙은 섹스 장면을 통해 질풍노도의 청춘을 그린다는 점 에서 하루키의 『상실의 시대』(2000)를 떠올릴 법도 하지만, 『제리』는 섹스가 단순한 소재로 전락했다는 점에서 『상실의 시대』와 거리가 멀다.

이게 진짜 20대인가?

처음부터 끝까지 구성과 캐릭터, 문체가 엉성한 이 소설은 "'벌거벗 은 삶'들을 정면으로 이야기"했다는 평(소설가 박성원)을 들으며 34회 '오늘의 작가상'을 수상했다. 이 소설이 세간의 관심을 모은 데는 20 대 여성 작가가 쓴 20대의 섹스 이야기라는 점 때문이다. 하지만 단

지 파격적으로 '벗었다'는 이유로 조르조 아감벤의 '벌거벗은 생명' 개념과 이 소설의 섹스 장면을 등가로 볼 수 있는지는 의문이다. 이 소설이 기실 "21세기적 소비자본주의 사회에서 '루저'로 살아갈 수밖에 없는 청춘들"(문학평론가 김미현)을 제대로 그렸는지도 의문이다. 실제로 이 소설에 수많은 섹스 장면이 등장하지만, 말초적 자극 이외에 어떤 의미도 남기지 않는다. (필자는 소설 속 섹스 장면을 읽을 때마다 '맥거핀 효과'만 떠올랐다.)

작품에 등장하는 20대는 모두 술집에서 술이나 마시며 수다를 떨고 모텔에서 섹스를 한다. 적나라한 묘사 그 자체가 비판의 대상이 되는 건 아니다. 문제는 『제리』 속 세계는 인물들의 어떤 실제적 경험 없이 술을 마시거나 섹스하며 나누는 대화로만 진술된다는 점이다.

가령 '나'와 미령 언니와 미주는 술을 마시며 서로 꿈이 뭐냐고 묻지만 "수도권의 별 볼 일 없는 2년제 야간대학조차 겨우 다니고 있는 나에게 어떠한 꿈이라는 게 있을 리 만무"(74쪽)하며, 남자들은 대형 마트의 물류팀 직원이나 컴퓨터 수리 기사 따위가 되고 여자들은 조그마한 사무실 사무 보조원으로 취직하는 게 고작인데 "그중에서 내가 될 수 있는 것은 무엇일까. 아무리 생각해도 쉽게 떠오르지"(75쪽) 않는다.

'제리'가 겪은 일종의 상처 역시 섹스가 아니라 섹스 장면에서 내뱉는 장문의 '대사'로만 전달된다. 예컨대 제리가 '나'와 섹스하는 장면에서 내뱉는 이런 말들.

나 같은 애들은 그냥…… 아무리 노력해도 이 바닥인 거야. 이 바닥에서도 가장 밑바닥인 존재로 늘 이렇게 빚만 지면서 살아야 한다고. 아무리 여자들에게 선택을 받으려고 해도, 아무리 돈을 벌어 보려고 해도, 아무리 이 바닥에서 벗어나려고 노력해 봐도 결국에는 아무에게도 선택받지 못한 채 늘 찌그러져 있는 거야. 더는 못해 먹겠다, 내일부터 진짜 안 나온다, 하면서도 매일매일…… 여기를 벗어나 봤자 어차피 다 마찬가지일 거라는 생각이 들어. 내가 아무리 노력해 봤자 달라지는 건 아무것도 없을 것 같아.(212쪽)

구체적 사건이나 정황 없이, 소설 속 인물들은 방황하고 갈등하고 진술한다. 때문에 『제리』에서 20대의 심경 고백은 힘을 얻지 못한다. 그들은 섹스를 통해 20대의 공허와 절망을 전달한다기보다 섹스 장면을 배경으로 그저 푸념만 내뱉고 있다. 적나라한 장면 묘사, 섹스하는 이들의 무기력함, 무기력함을 만든 불안 심리, 불안을 만드는 사회구조가 소설에서 유기적으로 섞이지 못하고 물과 기름처럼 분리된다. 그리고 어떤 새로운 시각이나 문제의식, 감수성을 제시하지 못한 채 20대의 섹스 기법만을 선보인다.

"20대를 보여주는 소설. 바로 그 지점에서 우리는 왜 심사위원들이 "읽는 내내 불편했고, 읽은 다음에도 며칠 동안 불쾌감에서 벗어나지 못"했는지를, 이 작품의 섹스신을 "메타포가 아닌 리얼리티"로 받아들였는지를 이해할 수 있다. 〈충격 보고, 요즘 젊은이들은?〉 같은 방송 프로그램과 다를 바 없이 작품이 이해되고 수용된 것이다. 하지만 심사위원의 우려와는 달리 이 작품의 섹스신은 결코 리얼리티가 아니다."(노정태, 「상처 입은 20대의 '킨제이 보고서'? 아니, '로망포르

노`!」, 〈프레시안〉, 2010년 8월 13일)

　『제리』는 이 시대 암울한 20대의 초상을 그려 보인다. 욕망의 좌절이 분노와 절망을 낳고, 출구 없는 몸부림으로 분출되는 모습이다. 소설 속 '나'가 제리를 통해 자아를 돌아보고 상처를 치유하듯이 소설을 통해 그런 경험을 하는 독자가 있을지도 모르겠다. 하지만 이 소설이 진정 투명하게 오늘의 20대를 재현해냈는지는 다시 생각볼 일이다.

이윤주 〈주간한국〉 기자

쉼표 하나만큼의
성장소설

『담배 한 개비의 시간』을 읽는 동안 몇 개비의 담배를 피워야 했다. 담배를 물고 사는 등장인물들 때문은 아니다. 어느덧 "이제부터는 몸을 좀 생각해볼까, 하는"(72쪽) 30대의 '저타르파' 아저씨가 되어버렸지만, 소설이 그리는 그들의 현실이 마음 아팠던 탓이다. 그렇다고 크게 공감한 것은 아니었다. 나는 다만 궁금할 뿐이다. 내가 내뿜은 연기는, 그리고 우리의 청춘은 모두 어디로 사라진 걸까?

주인공 '나'는 강남의 한 편의점에서 파트타임으로 일하는 스물한 살의 휴학생이다. 그녀의 전 타임에 근무하는 J와 옆 카페에서 아르바이트를 하는 물고기, 취업준비생인 선배 M이 소설의 중심인물. 처음에는 가벼운 청춘소설일 거라 생각했다. 갈 곳 없는 청춘의 방황과

풋풋한 사랑, 유치해서 찬란한 희망을 다룬. "우리 이제 끝난 거야?" 라는 질문에 누군가 "바보, 아직 시작도 안 했잖아"라고 답해주는, 뭐 그런 이야기.

하지만 문진영의 소설은 정확히 그 반대 지점에 서 있었다. 자기 자리를 알고 있는 이의 고독과 너무 많이 알아버려 쉬이 시작할 수 없는 사랑, 주어진 조건을 그저 인정할 수밖에 없는 무기력함. 그것이 작가가 바라보는 청춘이다. 여기엔 흔한 분노도, 복잡한 가정사도 없다. 세상은 나와 상관없이 존재하고, 나 또한 세상과 상관없이 존재하는 이방인일 뿐이니까. "나를 제외하고서도 세상은 그 자체로 이미 완전"(44쪽)하다고 믿는 청춘에게 희망 또한 있을 리 없다.

'나'는 고백한다. "나는 줄곧 아무것도 하지 않아왔다. 하고 싶은 것도, 되고 싶은 것도 없었다. 내가, 무언가를 위해 살고 있다거나 살아야 한다거나 하는 생각은 들지 않았다. 하지만 나는 단 한 번도 죽고 싶지는 않았다. 나는 그런 생각을 하는 것이 부끄럽다."(43쪽) 그렇다면 그녀는 그 텅 빈 시간들을 어떻게 견디는 걸까? 간단하다. "내일 하루도, 이렇게 보내면 되는 것이다."(55쪽)

다른 이들의 사정도 크게 다르지 않다. 대학도 군대도 안 가고 7년째 아르바이트를 하고 있는 J는, 그냥 살아 있기만 하라는 부모의 말처럼 별다른 욕망 없이, 힘들이지 않고 세상을 살아가는 남자다. 그래도 그에게는 꿈이 있다. 언젠가 절에

담배 한 개비의 시간
문진영 지음, 창비, 2010

들어가겠다는 꿈. 스님이 되고 싶은 것도 아니고 구체적인 계획도 없지만, 그는 절에 들어갈 그날을 기다리며 묵묵히 일을 한다. 물고기에게 반하기 전까지는.

반면 "사는 게 어렵지 않을까 봐, (⋯) 식물처럼 아무 데도 가지 못할까 봐"(97쪽) 두려워하는 물고기의 꿈은 언젠가 세계일주를 떠나는 것이다. "왜 우리는 최저임금의 경계에서만 일하고 있을까?"라는 '나'의 푸념에 "왜냐하면, 그게 제일 마음 편하니까"(96쪽)라고 대답하는 물고기에게 "지금 이 순간은 그저 그 언젠가로 통하는 연결지점 같은 것에 불과"(95쪽)하다. 모든 곳이 여행지나 다름없는 물고기는, 여행지의 인연은 여행지에 남겨놓아야 한다는 자신의 원칙에 따라 J의 마음을 거부한다.

'나'는 M을 사랑한다. "무언가가 되는 것에 겁이 났던 게 아니라, 무언가가 되고 싶지 않아했던 자신과 헤어지는 것에 겁"(88쪽)내는 남자, 모든 일에 미지근한 반응을 보이며 습관이라는 말을 습관처럼 달고 살지만, 때론 왜 우산을 가지고 다니지 않느냐는 '나'의 질문에 "네 우산 같이 쓰려고"(20쪽)라고 말하기도 하고 "너는 뭔가 할 줄 알았는데"(102쪽)라는 옛 친구의 말에 속절없이 무너지는 남자, M의 존재가 그녀의 마음을 흔든다.

M도 '나'를 사랑한다. 그래서 M은 그녀가 무섭다고 한다. 그녀도 M이 무섭다. 그들은 서로에게 "내일이면 모양을 바꿀 저 '오늘의 달'과, 이 밤을 지나면 그쳐 있을 이 옅은 비, 공기중으로 흩어지는 담배냄새와 나를 스쳐지나가는 골목길의 모든 고양이"(89쪽)처럼, 결국엔 떠나고 말 타인에 지나지 않는다는 것을 너무나도 잘 알고 있으니까.

꿈도 없는 '나'와 M, 꿈은 있는 J와 물고기. 여기서 질문. 과연 이것을 청춘이라 부를 수 있을까? 나는 잘 모르겠다. 분명한 것은 이것이 그들의 삶이라는 사실, 그것을 살아가는 것은 그들이라는 사실이다. 물론 세상은 그들을 비난할 자격이 없다. 그리고 그들은 세상을 비난할 마음이 없다.

소설은 이렇듯 서로 다른 궤도를 도는 인공위성처럼, 가까워지는 순간 다시 멀어짐을 반복하는 그들의 일상을 담담하게 그려나간다. 어느덧 습관이 되어버린 삶. 청춘의 특권인 사랑조차 마음껏 누릴 수 없는 그들에게 담배 한 개비의 시간이란, 마치 물에 빠진 사람이 내뿜는 공기방울처럼 그들이 살아 있음을 유일하게 자각할 수 있는 시간이다. 그들에게 삶이란 공기중으로 흩어지는 담배연기와 다를 바 없는 것이다.

물론 극적인 사건은 존재한다. 소설의 막바지, 편의점을 그만두고 마침내 꿈을 향해 떠난 J가 탄 승용차가 빗길에 전복되는 사고를 당하는 것. J는 죽고, 옆자리에 타고 있던 여자는 혼수상태에 빠진다. 그 여자는 다름 아닌 물고기다. 공고히 쌓아온 '나'의 일상은 한순간에 무너진다. 우산도 없이 쏟아지는 비를 맞는 것처럼, 속수무책이다. '나'는 생각한다. "나는 더 이상 나의 성장에 저항할 힘이 없다. 나는 자라는 데 지쳤다." (166쪽)

중환자실에 입원한 물고기와 침묵의 대화를 나누고 돌아온 집. 물고기가 즐겨 피우는 말보로 라이트를 입에 문 '나'는 낡은 의자에 앉아 언제나와 같은 세상을 바라보며 말한다. "나는, 울 필요가 없는 것이다"(175쪽)라고. 그리고 소설은 끝이 난다.

하지만 나는('나'는 어떨지 몰라도) 이런 결말이 불편하다. 문제는 그들의 삶이 아니라 죽음이고, 죽음 이후에도 계속되는 삶이다. 그것을 그리는 작가의 방식이다. 소설을 통틀어 자기에게 주어진 조건을 벗어나 새로운 삶을 꿈꾼 것은 오직 두 사람, J와 물고기뿐이라는 사실을 기억하자. 그리고 그들을 기다리고 있던 것이 자동차사고라는 사실 또한. 자동차사고로 죽는 것보다 부조리한 죽음은 상상할 수 없다고 말한 것은 카뮈였다. 개인의 성격이나 욕망과는 아무런 상관도 없는, 순전히 우연적인 죽음이기 때문이다. 하지만 삶과 달리 소설에는 우연이 없다.

결국 그들에게 닥친 비극은 그들이 꿈을 꾸었기 때문이고, 이곳이 아닌 다른 곳에서의 삶을 욕망했기 때문이다. 그들은 벌을 받은 것이다. 그들의 죽음(과 혼수상태) 앞에서 '나'가 얻은 교훈을 보라. 프롤로그에 나왔던 "나는 울 필요가 없는 것이다"(9쪽)의 반복이다. 쉼표 하나만큼의 성장. 하지만 나는 그녀의 쉼표에 공감할 수 없다. 그것은 결국 그녀가 처음부터 갖고 있던 방관자적인 태도의 강화일 뿐이다. 여전히 세상은 그녀와 상관없이 존재하고, 그 자체로 완벽하다. 완벽한 세상에서 일어난 완벽한 죽음, 완벽한 혼수상태. 그녀에게는 과연 눈물을 흘릴 이유가 없다. 작가는 그것을 확인시켜주기 위해 J를 죽이고 물고기를 다치게 한 셈이다. 대단한 성장을 바라는 게 아니다. 왜 그녀는 희망도 절망도 없는 어항 속 열대어처럼 삶을, 죽음을, 상처를, 다시 삶을, 직시하지 않는가? 그것이 분노도 꿈도 없는 세대, 성장이란 말이 더 이상 우습지도 않은 농담에 지나지 않는 현실에 대한 냉정한 작가적 인식인지는 모르겠지만, 나는 도무지 고개를 끄덕일 수가 없는 것이다.

　그러니 나는 궁금할 수밖에. 내가 내뿜은 연기는, 그리고 우리의 청춘은, 모두 어디로 사라진 걸까?

금정연 활자유랑자

속물 권하는 사회

글쎄, 속물이란 무엇일까? 사전적 의미로 보자면, 속물은 "교양이 없거나 식견이 좁고 세속적인 일에만 신경을 쓰는 사람을 속되게 이르는 말"이다. 사전을 찾아봐도 시원하지 않다. 그렇다면 세속적인 일이란 무엇일까? "세상의 일반적인 풍습을 따르는 일"이란다. 이것 역시 어렵다. 그러니까 속물이나 세속이라는 말에는 정확한 기준도 정의도 없다. 당시 사람들이 느끼는 어떤 수준이 세속성을 결정한다. 그런데, 아마 속물이란 자기 기준에 의해 세상을 살아가는 것이 아니라 남의 눈에 삶의 기준을 맞추는 사람들을 뜻할 것이다. 남들 보기에 괜찮은 삶을 살기 위해 애쓰는 것, 그것을 세속적이라고 말한다면 말이다.

거룩한 속물들
오현종 지음, 뿔, 2010

가령, 사회복지사라는 직업은 남들이 모두 칭찬하는 일이다. 하지만, 여대생은 사회복지사가 겉으로 보기엔 훌륭하지만 결국 별 소득이 없는 일이라고 말한다. 그 여대생이 바로 '기린'이다. 그녀는 자신의 입학 동기들의 다양한 군상을 통해 "속물"이 되려고 아등바등하는 요즘 세태를 비판적으로 들여다보고 있다.

그녀는 요즘 세상을 "속물 권하는 사회"라고 일축한다. 이런 식이다. 과외 아르바이트를 해서 "A급 짝퉁" 가방과 지갑을 사고, 수입 생수병에 학교 정수기 물을 채워 들고 다닌다. 그런데 여기엔 계급성에 대한 중요한 사유가 빠져 있다. 분명 관찰은 있지만 어딘지 모르게 그것을 비판하는 눈길에 동시대에 대한 사유가 빠져 있다는 의미에서 말이다. 현상적으로는 속물이 되고 싶어하는 비루한 속물은 계급의 한계를 자신의 힘으로 바꿀 수 없는 인물들을 지칭한다. 과외를 하고, 직업을 갖는다 해도 몇백만 원을 호가하는 명품 가방을 살 수는 없다. 만일 산다고 해도 몇 개씩 쉽사리 선택하는 상위 그룹 여성에 비해서 초라하기는 마찬가지다.

그러니까, 사실 "속물"의 세계는 상대적인 비교에 의한 피라미드 구조의 세계다. B급 짝퉁을 사다가 A급 짝퉁을 사는 순간 한 계단 상승한 것 같지만 그 위엔 '진짜' 명품의 세계가 있으며, 그 속에도 상대적 계급과 격차가 즐비하다. 그 욕망을 '끝까지' 따라가려 해도 '끝이 없을' 것이다. 무릇 자본주의가 요구하는 욕망의 알고리즘 자체가 상대적 빈곤과 초라함으로 유지되는 기계이니 말이다.

『거룩한 속물들』에 등장하는 여대생들은 자신이 이 기계의 부품에 지나지 않는다는 것을 모른다. 미래에 의사가 될 남자와 연애하는 것으로 자신의 삶이 좀 더 나은 곳으로 나아가리라 믿고, 몸에 걸친 브랜드가 자신의 가치를 높여줄 수 있을 거라고 기대한다. 어떤 관점에서 보자면 '사'자 붙은 직업을 갖기 위해 대학생활을 죄다 헌납하는 대학생들 모두 이 속물성에서 자유로울 수는 없을 듯하다.

사실 지금 20대의 삶 자체가 이런 속물성에 사로잡혀 있다고 볼 수 있다. 하지만 젊은이들은 왜 속물이 되어야만 했을까? 그 책임을 온전히 개인 윤리로만 전가할 수는 없다. 그들은 "너무 돈이 없어서 비루한 속물"이고 "가장 끔찍한 건 세상 무서운 줄 모르고 순진하게 살다가 뒤통수 맞는 인생이다. 아, 무섭다. 나는 보다 철저한 속물이 되어야겠다"고 다짐한다. 이 다짐 속에는 속물 되기를 권하는 그리하여 속물이 되지 않는다면 인생 패배자나 낙오자라는 낙인을 찍는 세상의 시선이 드러난다.

거꾸로 말해 세상이 말하는 성공한 인생은 과연 무엇일까? 신문이나 잡지 지면 혹은 텔레비전에서 말하는 성공한 인생은 대개 벌어들인 '돈'이나 '지위'로 환산된다. 많은 돈을 벌고 높은 지위에 오르면 그게 곧 세상이 말하는 성공이다. 자기만족적 삶을 사는 사람은 행복한 사람이라 부를 수 있을지언정 성공한 사람으로 부르진 않는다.

돌이켜보면, 이런 삶은 시대를 막론하고 있어왔다. 세상은 언제나 좀 더 부유하고, 좀 더 막강한 권력을 가진 삶을 성공이라 칭해왔다. 중요한 것은 이 세속성이 이제는 학교와 연애 같은 매우 사적인 영역까지 파고들었다는 것일 테다. 사실, 고등학교 3학년 때 결정하는 학과 선택의 서열 역시 이미 세속성의 반영 아닐까? 장래가 보장된다는 학과는 대개 고수익이 가능한 직업군들과 연결되어 있지 진지한 학문의 탐구와는 거리가 멀었다. 세속성의 근원을 찾는 것이 생각보다 만만치 않다는 뜻이다.

그런 의미에서 오현종의 소설 『거룩한 속물들』은 연애와 결혼, 학교생활과 취직에 이르기까지 세속적 기준에 맞추느라 허덕이는 여대생들을 정밀하게 그려냈다는 점에서 그 의미를 찾을 수 있다. "진짜배기 속물"들에 비해 여러 면에서 어리바리한 인물들은, 우리 삶 주변에서 흔하게 볼 수 있는 중간형 인물이라고 할 수 있다. 완전히 속물이 되지도 못하고 그렇다고 속물을 거부하지도 못하는 어정쩡한 인물들이 후기 자본주의 사회구조의 허리를 튼튼하게 만들어준다. 이 역설과 아이러니 한가운데 거룩한 속물들이 자리 잡고 있는 셈이다.

이는 한편, 자본주의를 공고화하는 데 무의지적으로 기여하는 이 중간 계급에 대한 무반성적 시각으로 연결되기도 한다. 그들을 옹호하는 작가의 시선은 속물이나 세속성으로 요약되는 세상의 흐름을 어쩔 수 없는 것으로 수용하는 태도를 전제로 한다. 말하자면 세상이 나에게 속물이 되라 하니, 생존을 위해선 어쩔 수 없다, 라는 포즈 말이다. 속물을 "거룩하다"라고 수식할 때, 우리는 그 속물성에 대해 조금은 속죄받는 듯한 기분이 든다. 과연 속물 권하는 세상이 옳은가라는 질문에 앞서 속물이 될 수밖에 없는 나의 형편을 수긍하게 되는 것이다.

20대 및 30대 초반 여성이 세상과 겪는 갈등을 그린 작품들을 우리는 '칙릿소설'이라고 불러왔다. 정이현, 백영옥이 면밀히 들여다본 이 세계는 『나의 블랙 미니드레스』(김민서, 2009)나 『압구정 다이어리』(정수현, 2008)를 거쳐 젊은 여성들의 독서 취향을 공략하는 주요 분야로 자리 잡았다. 하지만 어쩐지 이런 소설들이 위안이 되지 못한다는 사실을 지우기는 힘들다. 속물 권하는 사회에 투항하는 일에 면죄부를 주는 것이 시대의 윤리가 될 수는 없기 때문이다. 작가가 되거나 자기 일에 충실하겠다는 결론이 새로운 여성성으로 발견되지 않는 이유이기도 하다. 때로는 발견 이상이 필요하다.

강유정 문학평론가·영화 평론가. 『오이디푸스의 숲』(2007), 『사랑에 빠진 영화 영화에 빠진 사랑』(2011) 등의 저서가 있다.

'노웨어맨'의
세상에서 탈출하기

"이건 꼭, 뭐랄까, 평생 하나의 연잎을 벗어나지 못하는 개구리와 같은 심정이 되는 것이다." 『노웨어맨』에 수록된 단편 「레인스틱」의 한 문장이다. 이 개구리를 그려보기 위해서 특별한 상상력이 필요한 것은 아니다. 어쩌면 아주 최소한의 현실감이 더 필요할 뿐이다. 연잎 안에 갇힌 개구리 신세인 청년은 지금 곰팡이가 핀 천장을 올려다보고 있다. 스물여덟 해 동안 몇 번의 이사를 거쳤으나 썩 더 나아진 것 없는 작은 공간에서 그가 준비할 수 있는 미래란 (재미없지만 아주 당연하게도) 그저 취업에 힘쓰는 것이다.

　여기에 어떤 반전 드라마도 끼어들 여지가 없다는 것을 당신과 나는 안다. 이를 테면, 그는 '88만원 세대'에 속해 있지만 하루 두 시간

8,220원 벌이의 아르바이트를 하는 중이고, 짐작컨대 아마도 은행에 대출이 있을 것이며, 빚은 야금야금 더 큰 빚을 부를 테고, 취업 이후 에는 그 빚을 갚는 데 대부분의 에너지를 쏟아부어야 할 것이다. 우 리가 아는 대부분의 20대는 '30대 직장인'을 꿈꾸며 산다. 재미없는 미래 같지만, 30대 백수보다야 훨씬 더 마음이 놓인다. 그러므로 연 잎 안에 갇힌 개구리 청년은 지금 사면이 꽉 막힌 곳에서 기약 없이 움츠리고 있을 따름이다. 그는 곧 3단 추락의 심정을 겪게 될 터이니, 바로 이러한 것이다.

　"'최종 면접'이라는 그 네 글자에 나는 가슴이 확 좁아들었다. (…) 지금껏 수없이 많은 회사에 응시 원서를 넣고 면접을 치렀지만 서류 전형을 통과해본 것은 손에 꼽을 정도였던 것이다.""최종 면접의 시 간도, 공간도, 자꾸만 내게로 다가오고 있었다. 그러나 면접장에 들 어선다 해도 다리 한쪽이 부러진 의자로는 중심을 잡고 앉지 못할 게 분명했다. 어쩌면 곧 또 다른 이가 불시에 달려들어, 내가 가진 의 자의 남은 다리마저 모조리 부러뜨려버

노웨어맨
염승숙 지음, 문학과지성사, 2011

릴지도 모르는 일인 것이다."(이상 「레인스 틱」, 132쪽) "다만 그 순간에 나는, 아무 자리에라도 앉아 조금 쉬고 싶다는 마음 만을 간절히 느꼈다."(「레인스틱」, 151쪽)

　소박하고 생경한 희망이었다가 곧이어 말할 수 없는 불안감이었다가 극도의 피 로감으로 이어지는 매우 위태로운 존재 를 어찌해야 할 것인가. 「당신과 악수하

는 오늘」에서는 대학졸업 후 줄곧 방에 틀어박혀 인터넷으로 취업 정보를 검색하는 데 최선을 다해온 주인공이 면접을 앞두고 팔이 떨어져 나가게 생긴다. 정말 물리적인 의미에서 덜렁덜렁 한쪽 팔이 사라지게 생긴 것이다. 이렇게 『노웨어맨』에서 염승숙의 20대들은 기묘하게 '찌그러져' 있고, 그런 찌그러진 모습은 현실의 20대들과 어깨를 걸고 있다.

여기에 표제작 「노웨어맨」과 그 연작인 「무대적인 것—노웨어맨2」를 겹쳐 읽는다면 잿빛 현실은 더욱 혼탁해지고, 존재의 위태로움은 더욱 심각해진다. 작가는 개인 파산자를 가리켜 '노웨어맨' 그러니까 '어디에도 없는 사람'으로 호명하고 있다. 경제적으로 파산했으므로, 사회적인 파산이 뒤따르고, 이것이 곧 존재의 파산으로 이어지는 구조를 그리는 데에도 역시 상상력이 아니라 약간이 현실감이 필요할 뿐이다.

"처음부터 다시 시작할 수 있습니다. 결단코, 새로운 삶을 보장해드리겠습니다. 파산하십시오!" 파산을 권유하는 광고 문안은 유혹적이다. 처절하지만, 유혹적이다. 새로운 삶이라니! 헌데, 바로 그 유혹적이라는 점이 거대한 비극이다. 차라리, 새빨간 거짓말이다. 존재의 파산을 누구도 책임져주지 않기 때문이다. 「레인스틱」의 위태로운 젊은이와 「노웨어맨」의 파산자 사이의 거리가 가깝게 느껴지는 이 불안감은 다름 아닌 시대의 공기다. 그러므로 염승숙 소설 속 20대들은 애초에 길을 잃은 존재처럼 보이기도 한다.

그런데 염승숙은 길 잃은 존재들을 독려하는 방법으로 세계의 룰을 주지시키지 않는다. 단편 「라이게이션을 장착하라」에서 그는 차라리 이미 난맥상이 돼버린 삶에서 불안하고 초조하게 우왕좌왕하기보다는, 그 누군가가 그려놓은 지도 속에서 길을 잃기보다는, 차라리 그 기왕의 세계 혹은 기왕의 룰을 위배하는 쪽을 택하라고 권한다. 내비게이션의 세계 반대쪽에 있는 라이게이션은, 이미 짐작했겠지만, 거짓말하는 내비게이션이다.

"안전한 것만이 꼭, 옳은 것일까? 안전함만을 좇는 것이 무조건 아름다운 행로인 것일까? 젊음, 청춘, 도전, 미완, 불완, 실험, 탈선……, 우리가 안전하지 않은, 위험한 것으로부터 형용할 수 없는 매혹을 느꼈던 시간들은 모두, 어디로 사라져버린 것일까?"(167쪽)

"이 기기를 설치하면 고객은 거짓된 안내를 제공받게 될 겁니다. 길을 찾아주는 기계가 아니라, 길 찾기를 방해하는 내비게이션을 장착하게 되는 거죠. 당연히 내비게이션이므로, 그것은 끊임없이 방향을 가리키고 경로를 지시해줄 거예요. 하지만 그게 진실인지 아닌지, 사실인지 아닌지는 결코 믿을 수 없어요. 고로 그 말을 따를 것이냐 아니냐는 본인만이 결정할 수 있습니다. (…) 지구상의 모든 오차와 오류를 인정하는 것, 그것만이 길 찾기의 두려움을 없애는 가장 좋은 방법이라고 저는 생각합니다."(168쪽)

길을 잃은 자가 새로운 지도를 그릴 수 있다. 세계를 이탈했을 때에만 우리는 세계의 꼴을 확인할 수 있다. 그러나 섣부른 독려는 무책임하고 낡은 선동에 불과할 뿐이다. '노웨어맨'이 되는 것과 '라이게이션 유저'가 되는 것을 따지고 보면, 전자가 현실에 더 가까워 보인다. 그런데 방바닥에 누워 곰팡이가 번지는 천장을 무기력하게 바라보는 일이나 한쪽 다리가 부러진 작은 의자 위에 올라앉은 기분으로 혹은 내일이면 한쪽 팔이 떨어지게 될 끔찍함 속에서 최종 면접을 기다리는 일을 20대가 통과해야 할 하나의 심정으로 용인한다 할지라도, 참으로 난감하게도, 자기 지도를 완성할 수 있는 기회 역시 바로 같은 시기에 온다.

세상은 노웨어맨을 아무렇지 않게 권한다. 그건 기왕에 완성된 길을 아등바등 쫓다가 만날 수 있는 하나의 불상사이기도 하다. 그럴 바에야 차라리 세상에 없는 길로 나서 자기 지도를 그리는 '라이게이션 유저'의 불안과 위태로움을 선택하는 게 존재론적으로는 더 매혹적인 일인지도 모른다. 그러므로 이렇게 다시 말해볼 수 있겠다. '위험하지 않은 일상, 안전한 세계를 선택하지 않아도 좋을' 시절에 있다. 물론 그게 저기 저 팔이 떨어져 나가게 생긴 누군가나 곰팡이 핀 방에서 개구리처럼 움츠린 누군가에게 닥친 불안을 제거해주지는 않을 것이다. 그러니 젊은 그대들에게 선사할 반전이란 여전히 '불안'이다. 여기에 「당신과 악수하는 오늘」의 한 문장을 덧대자. "산다는 건, 어느 구름에서 비가 올지 모르는 거란다. 영원히, 알 수 없는 것이지." (37쪽) 안전하지 않게 살되, 세계의 먹잇감도 되지 않기. 그 어려운 주문 아래 서 있는 자들의 이름, 스무 살? 20대? 젊음? 아마도!

조은영 북매거진 〈텍스트〉 편집장

청춘의 그라운드에 관한 **고찰**

청춘 탐구와 시대 탐구

세대론의 물꼬가 '20대 논객'이란 조어를 만들어내면서 나에게도 세대 문제에 대한 발언권이 생길 즈음, 나는 내 처지가 픽사의 걸작 애니메이션 〈토이스토리〉에 나오는 장난감 비슷하다는 생각을 했다. 청년세대에게 한국 사회의 경제문제와 정치문제를 떠넘기는 (이를테면 그들의 눈높이가 높아서 실업률이 높고 경제에 활력이 없다거나, 그들의 정치에 대한 무관심이 사회 보수화를 만들어냈다는 식의 견해들) 세대론의 틀을 고스란히 고수한 채 "너희도 한마디 해봐"라는 식으로 내게 마이크가 던져지기 일쑤였고, 내 반박은 사회문제를 바라보는 다른 시선으로서가 아니라 그저 청년세대의 항변으로만 이해되었다.

 그러나 이런 푸념은, 푸념 이전에 하나의 질문을 내포하고 있다. 나 스스로도 덜 여문 내가 '발언'한다는 것이 무슨 의미인지를 자문하지 않을 수 없었던 거다. 어느 순간 나는 내가 '공부'하고 있는 게 아니라는 사실을 자각했다. 그렇다고 '운동'을 한다고 우길 수도 없었다. 누군가 내 글을 보고 '운동'을 하겠다고 나선다면 그건 고마운 일이겠지만, 나는 후배의 인생을 괴롭히는 그러한 요행에 내 글쓰기의 의미를 결부할 만큼 뻔뻔한 사람은 아니었다.

비슷한 상황에 놓인 몇몇 친구들은 다른 길을 선택한 듯했다. 자신의 글쓰기가 보편적인 진리를 탐구하고 있다고 가정하기, 혹은 '운동'을 하고 있다고 주장하기. 그들은 스스로 우주방위군의 일원임을 주장하는 '버즈 라이트이어'처럼 보였고, 나는 그들 옆에서 스스로 장난감임을 자각하는 '우디'였다. 세대론의 틀 안에서 '항변'하며 거기에 사회상을 담으려는 나나, 세대론 따위는 의미가 없다며 단죄하는 이들이나 장난감이기는 매한가지였으니까. 그들의 단죄 역시 그들이 청년인 한에서 '어른'들에게 울림을 가질 수 있었으니까.

이것은 왜 청춘이 아니란 말인가
엄기호 지음, 푸른숲, 2010

『이것은 왜 청춘이 아니란 말인가』에는 여러 가지 미덕이 있지만 내게는 '청년 글쟁이의 발언'이 어떤 맥락에서 의미를 지니는지에 대한 모종의 답변을 준 귀중한 사례. 저자는 전작인 『아무도 남을 돌보지 마라』(2009)에서 "인문학의 눈으로 본 신자유주의의 맨얼굴"(부제)을 폭로한다. 이 전작의 각 장은 우리 주변의 사례에서 시작하지만 곧 이 사례를 해석

할 만한 여러 저작들이 저자의 해설을 거쳐 사례 속에 틈입한다. 그런데 『이것은 왜 청춘이 아니란 말인가』는 정반대의 길을 걷는다. 저자는 강의실에서 학생들에게 대학, 혁명, 교육, 가족, 사랑, 소비, 돈, 열정 등의 키워드를 던지며 그에 대한 답변 속에서 드러나는 학생들의 감각을 이끌어내고 재서술하면서 청년세대에 대한 또 다른 해석의 방법을 선보인다.

저자의 작업에 대한 긍정적인 '반향'은 크게 두 가지 측면에서 나타났다. 하나는 이렇게 청춘들의 정서를 잘 이해하는 세심한 강사—글쟁이를 본 적이 없었다는 반응이다. 다른 하나는 대학생들이 이렇게 글을 잘 쓰는 줄 몰랐다는 경탄 내지는 푸념이었다. 책에 등장하는 저자의 수강생들은 『김예슬 선언』을 보면서 사건의 의의를 염두에 두기보다 김예슬의 글솜씨를 질투했다고 했지만, 그것은 이 책을 보는 독자에게도 비슷한 방식으로 재연된 일이었다. 오죽하면 〈프레시안〉 '2010년 올해의 책'으로 이 책을 선정한 안은별 기자는 "나는 그들의 글을 읽으며 '김예슬은 무슨, 지들이 훨씬 잘 쓰는구먼. 어떻게 대학생들이 이렇게 글을 잘 쓰지' 싶었다"(「오늘의 '개념' 20대 : 김예슬? 아니 너희들!」, 〈프레시안〉, 2010년 12월 24일)라는 말로 리뷰를 시작했겠는가.

그러나 내 생각에 이 책을 '한 세심한 지식인이 이끌어낸 20대 당사자들의 올곧은 목소리에 관한 기록'으로 생각하는 것은 '세대론 종결자'로서의 이 책의 가치를 충분히 조망하지 못하는 일인 것 같다. 이 책에 등장한 대학생들의 목소리가 또박또박하고 똘망똘망하다고는 하지만 그것은 이들이 지리멸렬한 다른 동년배들과는 다르게 비범하다거나, 혹은 지리멸렬한 줄로 알았던 이 세대가 사실은 속으로 꽉 찬 생각을 하고 있었다는 식으로 해석될 성질의 것은 아니다. 저자가 수업 초기에 학생들에게 "우리 교실 안에 부처 몇 명, 칸트 몇 명, 그리고 예수 몇 명이 있다는 식으로 이야기"하고 "나는 나다, 다른 어떤 말로 나를 규정짓지 말라. 나는 나 자체로 고유하다"라고 주장하는 학생들에게 "야훼"(254쪽)라고 이름 붙여준다는 것은 그들에게 말을 이끌어내는 방식으로는 훌륭하지만 그 자체가 학생들의 '위대함'을 보여주는 에피소드는 아니다. 오히려 저자가 가감 없이 이끌어낸 학생들의 '말'은 후기 자본주의 혹은 신자유주의에 도달한 한국 사회가 구성해낸 질서와, 그 질서 안에서 청년들이 주체로서 혼란을 느낀다는 것을 보여준다는 점에서 소중하다. 모든 세대가 변화된 환경에 적응하면서 새로운 주체성을 구성하게 되지만, 청년세대는 그 변화를 가장 먼저 드러낸다는 점에서 다른 세대 못지않게 그 시대를 반영한다.

우연히도 저자가 탐구한 집단이 '연세대 원주캠퍼스' 학생이었기에 '발언하고 주목받는 명문대생'과 '발언권이 배제되었다고 가정되는 고졸'밖에 상상하지 못했던 한국 사회의 척박한 청년세대 담론 지형에서 독특한 지점을 드러낸 것은 사실이다. 그러나 나는 이를테면 명문대생 집단이 선택되었다 하더라도 저자의 작업만큼이나 의미 있는 작업이었을 거라고 본다. 물론 우석훈의 『혁명은 이렇게 조용히』(2009)의 말미에 나오는 연세대 학생들의 리포트가 이 책의 내용에 비해 아쉬운 것은 사실이다. 그러나 그것은 그들이 명문대생이어서라기보다 '당사자 운동'을 하겠다는 이들을 추려낸 리포트이기 때문에 생긴 결과로 해석하는 게 타당하다.

그리고 여기에서 우리는 '학문'도 아니고 '운동'도 아닌, 청년들의 '발언'이 의미를 지니게 될 가능성을 확인했다. 말하자면 일부는 물려받았고 또 다른 일부를 물려주게 될 그들 자신의 편견과 감각에 대한 서술은 그 자체로 시대에 대한 비평이 될 수 있다는 것이다. 물론 이 책이 적나라하게 증명하듯 그런 작업조차 '청년세대 당사자'가 아닌 사람에 의해서 수행될 수 있지만, 그럼에도 불구하고 이 책은 청년세대 당사자의 발언이 "우리는 그렇게 나쁘지 않아요"라는 세대론의 틀거리에 포박된 함성을 넘어설 수 있다는 점을 증명하는 소중한 기록이다.

한윤형 자유기고가. 칼럼니스트. 『키보드 워리어 전투일지』(2009), 『열정은 어떻게 노동이 되는가』(공저, 2011) 등의 저서가 있다.

'무골호인들의 지옥'에 관한 예리한 소묘

예리하고 날렵한 소묘다. 오늘날 한국 사회의 중요한 문제 하나를 적시에 낚아챘다. 나에게 『열정은 어떻게 노동이 되는가』의 가장 큰 의미는, 내가 만들어낸 '88만원 세대'라는 단어가 드디어(!) 본래의 의도에 부합하는 내용으로 응답받게 되었다는 점이다. '88만원 세대'는 단지 오늘날의 청년세대, 대학생을 가리키는 단어가 아니다. 불안노동에 시달리는 청년들을 가리키는 말이며 무엇보다 '노동'에 방점이 찍힌 단어였다. 그래서 2007년에 『88만원 세대』가 출간된 이후 지금까지 나는 '88만원 세대의 노동현장'을 줄기차게 강조해왔고 관련된 강연과 글도 적지 않게 발표해왔다. 하지만 대부분의 88만원 세대 담론은 정치적 진영논리의 재생산에 소모되기 일쑤였다. 물론 정

열정은 어떻게 노동이 되는가
한윤형·최태섭·김정근 지음, 웅진지식하우스, 2011

치적 세대로서의 88만원 세대 역시 매우 중요한 측면이지만, 청년세대가 실제로 겪고 있는 노동현장의 문제는 철저히 외면되었다 해도 과언이 아니다. 그런 의미로 『열정은 어떻게 노동이 되는가』는 이런 문제의식을 저자들 나름대로 소화해서 88만원 세대 '담론 이후'로 나아간 사실상 첫 번째 저작이라는 점에서, 참으로 반가운 책이다.

'뼈도 눈물도 없는' 자본주의 정신

저자들은 프로게이머 세계와 IT산업, 각종 문화산업과 서비스업종에 이르는 다양한 노동현장을 종횡무진하며 열정이 어떻게 노동이 되는지를 보여주려 한다. 그런데 열정노동이란 과연 무엇인가? 이 개념은 저자들 가운데 한 명인 최태섭이 처음 만들어낸 것으로 안다. 열정노동은 특정한 '노동형태'를 가리키기도 하지만 어떤 대목에서는 '노동윤리' 또는 '성공철학'에 더 가까워 보인다. 그것은 독특한 시대적 분위기이기도 하고, 책의 부제에 나온 것처럼 "한국 사회를 움직이는 새로운 명령"이기도 하다.

조금만 신경 써서 들여다보면 오늘날 한국 사회에서 '열정'이라는 수사가 광고와 같은 매스미디어에서, 또는 일상에서 사용되는 맥락이 매우 특징적이라는 것을 알 수 있다. 열정이라는 말 앞에 '순수한'

이라는 단어가 종종 같이 붙어간다는 점도 발견할 것이다. 열정은 구체적이고 실용적인 목적의식을 부차적인 것으로 만든다. 돈을 벌겠다는 자본주의적 욕망조차 열정 앞에서는 불순한 무엇이 된다. 그렇게 열정은 비자본주의성을 통해 역설적으로 가장 강력하고 철저한 자본주의가 된다. 그것은 바로 착취라는 사실조차 잊게 만드는 자기-착취이며 그런 면에서 최고로 극단적인 자기소외의 단계이다. 무한긍정의 사고방식과 끝없는 자기계발을 통해 부정적 사고와 경직성을 완전히 배제한 인간들, 일테면 '뼈도 눈물도 없는 무골호인들'이 각자의 열정으로 승자독식의 경쟁을 벌이는 사회야말로 오늘날 자본주의가 꿈꾸는 유토피아인 것이다. 노동을 노동으로 인식하지 않고 비경제적 활동으로 인식할 때, 예를 들어 놀이나 종교적 황홀경 같은 상태로 인식할 때, 노동의 생산성은 극대화된다는 게 바로 자본의 속내(그런 게 있다면)다.『열정은 어떻게 노동이 되는가』는 이런 '무골호인들의 지옥도'를 우리 앞에 생생하게 펼쳐 보이고 있다. 그러나 그런 자본의 기획이 실제로 관철되었는가, 그리고 어떻게 관철되고 있는가는 또 다른 문제다.

열정은 정말로 노동이 되었는가

정해진 시간 동안 동일한 부품을 정확히 만들어내는 식의, 소위 '전통적 노동'과 열정노동은 다른 종류인가? 다르다면 어떻게 다른가? 열정노동에서의 '열정'은 노동의 동기를 부여하는 기제일 텐데 그렇다면 그것은 '장인정신'이라든가 '이윤동기'와는 다른 심적 상태를 의미하는가? 그럼 과거의 노동들은 열정을 요구하지 않았는가? 열정을 요구하는 자본에 대해 노동자는 정말 열정노동을 내면화하며 순응하는가?

책은 이런 질문들을 분석하며 정면대결하기보다는 현재 상황 묘사에 더 치중하는 것처럼 보인다. 이것은 이른바 '통치성' 담론들 상당수가 공히 갖고 있는 한계이기도 하다. 통치성 담론은 지배 메커니즘은 그럴듯하게 묘사하지만, 수용 주체가 어떻게 그 논리를 받아들이는지 또 거부하는지, 지배 메커니즘은 어떻게 변화할 수 있는지에 대해서는 만족할 만한 설명을 제공하지 못하는 경향이 있다. 다시 말해 체제가 왜 강력한지는 기가 막히게 설명하지만, 그 체제가 어떻게 전복될 수 있는지에 대해서는 아무런 말도 하지 못한다. 자기계발의 논리, 열정의 논리에 세뇌된 사람들은 영혼 없는 꼭두각시처럼 자본의 전일적 지배에 그저 일방적으로 조종당할 뿐이다. 과연 그러한가?

열정이 고통스럽고 값싼 노동의 마취제로 기능한다는 진단은 분명 설득력이 있지만 그것이 모든 상황에서 똑같이 작동하는 건 아니다. 열정이 노동윤리로 잘 작동하거나 덜 작동하는 사회적 조건들이 있을 법하다. 그 조건들이 충족되면 열정은 쉽게 노동착취로 이어지고 초과이윤을 뽑아내지만, 조건을 충족시키지 못하는 상황이 닥치면 열정의 요구는 오히려 강한 불만과 저항의 단초가 될 수 있다. 예를 들어 '생산물에 대한 노동의 기여 정도를 한눈에 파악하기 어려운 분야' '기대수익의 편차가 큰 분야' 등 열정을 요구하는 노동시장의 제도적·문화적 특성을 구체적으로 개념화하는 노력이 필요하다. 그러지 않고서는 과거의 노동윤리와 지금의 노동윤리를 비교하는 게 불가능할 뿐 아니라 역사적 변화를 추적하거나 전망하는 일도 어려워진다.

　자신이 속한 사회의 본질을 밝혀내는 작업은 단순히 방대한 자료를 수집한다고 되는 게 아니다. 그것이 곧 독일에서 말하는 '시대진단 Zeit-diagnose'이다. '시대진단'은 통계적 연구 또는 이론적 연구 어느 한쪽으로 환원할 수 없는 영역이다. 시적 상상력과 동시에 일정 수준 이상의 분석적 정합성을 갖추어야 하므로 참 지난한 작업이다. 그동안 88만원 세대 담론에 대해 88만원 세대 스스로 다양한 반응을 보여왔지만, 대부분 기성세대 담론의 재탕에 불과하거나 심지어는 기성세대에 대한 어설픈 투정에 그치는 경우가 대부분이었다. 반면『열정은 어떻게 노동이 되는가』는 88만원 세대가 자신의 언어로 자신의 시대를 서사화하려는 시도였다. 물론 개념적 분석이라는 면에선 아쉬운 점이 적지 않다. 그럼에도 불구하고 이 책은 그 자체로 꽤나 근사한 '시대진단'을 보여준다. 늘 지리멸렬한 것 같아도 우리는 그렇게 한 걸음 성큼 나아간 것이다.

박권일 〈자음과 모음 R〉 편집위원. 『88만원 세대』(공저, 2007) 등의 저서가 있다.

자학의 시詩로
청춘을 노래하다

여기, 실패에 허덕이는 청춘에게 건네기 쉬운 위로의 말이 있다. "자학하지 마." 그렇다면 되묻자. 2011년 한국의 청춘들 가운데 자학하지 않고 살아남을 수 있는 자 얼마나 되는가? 열 번을 넘게 응시해도 높기만 한 토익 900점의 벽 앞에서, "대학은 어디 나왔냐"는 질문 앞에 대충 얼버무리면서, 각종 취업 면접의 압박 질문 앞에 구겨지면서, 무거운 가방 메고 노량진역에 내리면서, 오늘도 떨어지고 내일도 치이면서, 이놈의 청춘이 자학하지 않을 수 있겠냐는 말이다.

기성세대가 견고하게 만들어놓은 자본주의와 경쟁의 틀 속에서 맨발의 청춘들은 벅벅 기어 다닌다. 면접관의 조롱에도 "아, 그때 내가 좀 더 자신감 있게 대응했어야 했어"라며 자신을 탓하고, 일곱 번째 떨어진 공무원 시험을 돌아보며 "내가 그 과목을 좀 더 신경 썼어야 했다"고 말하며 소주잔을 기울인다. 비정규직으로 저임금과 고용불안에 시달리면서도 "내가 공부 안 한 대가"라고 책망한다. 수백 대일의 경쟁률, 붙는 사람이 이상한 셈인 게임에서도 매번 질 때마다 자신을 탓한다. 실패에서 교훈을 얻고 끊임없이 전진하는 것을 세상은 '자기계발'이라 부른다. 더 열심히 벅벅 기어 다니라는 지령을 내리는 '자기계발서'를 사서 읽으며 청춘은 오늘도 "역시 내가 바뀌어야 해, 내 태도가 문제야"라며 한 번 더 자학한다.

그래서 저자는 '자학'의 방법으로 영리하게 책을 시작한다. "저기, 나도 별 볼 일 없는 사람이니 너무 기대하지는 마세요." 첫 장부터 독자를 무장해제한다. '그것도 대학이냐'라는 이름을 가진 대학을 나와 '누구나 들어도 모를 만한 회사'에서 근무하고 모아놓은 돈은 '마이너스' 단위인 왕소심 A형 정상근 〈레디앙〉 기자가 자기를 발가벗기며 이야기를 꺼낸다. 그는 서른 살, 청춘이다.

탐험대장을 자처한 저자가 가장 먼저 독자를 안내하는 곳은 늪이다. 학벌의 늪, 공시족의 늪, 저임금의 늪을 묘사한 1부 「늪지 생태보고서」를 읽고 있자면 끈적하고 불쾌하고 내 힘으로 어쩌지 못해 답답한 개흙이 온몸에 들러붙는 기분이다. "사실 토익에 매달리기도 힘들어. 난 알바해서 대학 등록금도 모아야 하고 용돈도 벌어야 하거든. 토익

나는 이 세상에 없는 청춘이다
정상근 지음, 시대의창, 2011

한 번 보는데 얼만 줄 알아? 3만 9천 원이잖아. 그걸 한 번만 보겠어?”
(100쪽) 취업 준비생의 말에 가슴이 답답하고 “아침부터 줄을 서서
도서관에 들어가면 나도 모르게 항상 앉던 자리로 가거든. 그런데 이
게 다 똑같아서 다른 사람들도 자기 앉던 데만 앉는단 말이야. 그럼
고민하게 돼. 이거 인사를 해, 말어?”(79쪽) 공시생의 사소한 고민에
슬퍼진다.

　2부는 사막이다. 태어난 지 불과 20~30년인데 벌써 사는 데 지쳐
버린 사람들이 뙤약볕이 내리쬐고 모래바람이 부는 이곳에 널브러
져 있다. 같이 잘 사는 방법보다는 그들을 누르고 내가 잘 사는 법을
익히는 것이 사막의 룰이다. 오아시스를 점거하고 물 한 잔에 거액의
돈을 받는 자들이 오히려 ‘사막의 질서를 지키는 자’라고 추앙받는다.
사막을 헤쳐 나가느라 젊은이들은 사랑조차 메말랐다. 사막화는 빠
르게 진행되고 있다. 목이 탄다.

　“스스로 내제된 연애 세포를 죽이기에 혈안이 된 사람도 있다. 연애
가 무서워서다. 결혼이 겁나서다. 나 하나 책임지기도, 이 나라 이 땅
에서 살아남기도 자신이 없어서다.”(198쪽) 청춘의 고백이다. “8시에
출근해 4시간 잔업까지 끝마치고 밤 10시가 넘어서야 집에 도착해,
다시 다음 날 새벽 6시에 일어나야 하는 생산직 노동자, 한 달에
150만 원도 채 못 받는 비정규직 노동자들이 폭죽 빵빵 터지는 이벤
트를 계획할 때 가장 먼저 고려하는 것은 다음 달 막아야 할 카드값
일 것이다.”(208쪽) 알렉스가 싫다는 데 할 말이 없다.

　늪과 사막의 답답한 풍경 밑바닥에는 ‘노동 문제’가 깔려 있다. 취
업을 위해 학벌에 매달리고, 스펙을 쌓고, 경쟁을 한다. 대기업과 중

소기업, 정규직과 비정규직으로 구분되고, 산 자와 죽은 자로 갈린다. 얼마 버는지, 어디 사는지, 어떤 차를 타는지에 평생 목을 맨다. 이쯤에서 저자가 묻는다. 그럼 우린 어찌해야 하지? "신자유주의가 지금처럼 우리 생활을 계속 지배한다면" 토익, 공무원 시험, 스펙 쌓기에 매몰돼 비싼 등록금에 허덕이며 살아가는 청춘의 일상도 바뀌지 않을 것이라며 갑자기 저자가 정색을 한다.

이어 "연대"를 말한다. 하지만 '청년만의 유니온'에는 반대한다. 해서 기성세대의, 소위 '진보' 운동방식까지 비판한다. "돈이면 다 되는 세상을 반대하는 사람들로 구성된 이른바 진보 집단에서도 나이가 어리다고 의사결정에서 배제되는 것은 기본이고 성희롱과 성추행이 적지 않게 일어난다"며 "민주노총에 젊은 활동가가 이제 얼마나 남았는가"라고 묻는다. 20대가 연대해 짱돌을 들어야 한다면 신자유주의 뿐만 아니라 권위주의, 파시즘, 왜곡된 여성주의, 반여성주의에 맞서야 한다고 말한다.

결론을 지으며 저자는 여러 번 머뭇거린다. 자신조차 갈등하는 청춘이면서 명쾌한 답을 제시하며 "따라오라"고 말하기는 쉽지 않다. 다만 자세를 낮춰 우리 이렇게 생각해보면 어떻겠냐고 묻는다. "노동자가 노동자를 인정하고 보호하는 세상, 이를 위해 싸우는 집단 내에서 행복한 비명 소리가 나오는 세상, 그런 세상을 향해 걸어가야 한다"는 저자의 결론은 순진해 보이면서도 가볍지 않다.

마지막은 또 자학으로 끝난다. "참 재미없는 이야기에 한 말 또 하고 한 말 또 하고 쓰는 나도 지겨운데 보는 사람들은 오죽했으랴"라며 스스로를 조소한다. 실제로 책에는 빤한 이야기도 있고 "늪과 사막 같은 청춘의 삶을 좀 더 농밀하게 묘사했다면"이란 아쉬움이 드는 대목도 눈에 띈다. 자학의 한계일지도 모른다.

"이 늪에서 이 사막에서 벗어날 수 없다면 그냥 묵묵히 나무나 심자"는 저자의 제안이 스물하나, 스물다섯, 서른의 청춘들에게 각각 어떤 의미로 다가갈지 지금은 가늠할 수 없다. 다만 "좌절이 절망이 되지 않는 사회, 적어도 열심히 일하면 그만큼의 대가를 받는 공정한 사회, 죽으라는 법은 없는 사회, 눈치 보지 않고 연애 한번 짜릿하게 할 수 있는 사회, 아픈 것만큼은 사람을 먼저 생각하는 사회, 강남 아이도 산동네 아이도 공평한 교육을 받을 수 있는 사회, 집이 자본이 아니라 보금자리가 되는 사회"를 향한 열망은 자학에 지친 청춘들 가슴에 촛불을 켜주었을 것이다. "삼류인생 찌질이가 이 글을 봐주는 누군가에게 마음을 다해 전하는 간곡한 부탁"은 꽤 진지하다.

임지선 〈한겨레〉 사회부 기자. 저서로 「4천원 인생」(공저, 2010)이 있다.

신자유주의 시대의 20대,
'공포'와 '불안'을 넘어서

우석훈을 처음 만난 것은 2008년 어느 가을날이었다. 당시 나는 군인이었고 휴가 일자를 맞춰서 『촌놈들의 제국주의』(우석훈, 2008) 출판기념회 장소인 종각 영풍문고로 향했다. 그는 후줄근한 트레이닝복 바지에, 긴팔 면 라운드 셔츠를 입고서 어수룩한 목소리로 "안녕하세요. 우석훈이라고 하고요"라면서 인사를 건넸다. 어수룩한 목소리는 5분도 채 안 되어 사라지고 해박한 그의 논변이 쏟아졌다. 강의가 끝나자 그는 다시 어수룩해졌고 뒤풀이 자리에서 연신 담배 연기를 뿜어대는 '헤비 스모커'였다. 그럼에도 왜 그의 이야기에 귀를 기울이게 되나 생각해본다. 그의 표현대로 '마이너'이기 때문일까? 그것만은 아닌 것 같다. 그의 말에 귀를 기울이게 된 까닭은 그가 '읽

을 수 있는 글', 그리고 생활인으로서의
삶을 살아가는 동시대 사람들의 감각에
'마주치는 소소한 대안'을 썼기 때문이
다.

신자유주의에 대해 비판하는 많은 책
이 존재한다. 금융 자본주의를 비판하고,
신자유주의 시대의 양극화를 비판하고,
신자유주의가 만들어내는 인간형에 대

혁명은 이렇게 조용히
우석훈 지음, 레디앙, 2009

해 비판한다. 푸코, 아감벤, 바우만, 서동진, 세넷 등등 이미 인문사회
과학에 발을 담그고 있는 사람들은 '신자유주의'라는 다섯 글자에
대해서 넌덜머리를 내기 마련이다. "알았다고. 그래서 뭐?"라고 하기
십상이다. 하지만 신자유주의에 대한 비판에 넌덜머리가 나는 또 다
른 까닭은 이미 일상이 되어버린 신자유주의적 삶을 어떻게 해야 할
지에 대한 구체적인 대답이 별로 없기 때문이다.

한편 이러한 신자유주의 시대에 청(소)년 혹은 20대로 살아가는
것이 어떠한 의미인지에 대한 20대들의 자기기술들이 있다. 20대의
노동환경이 엉망진창이라는 청년 유니온의 『레알 청춘』(2011), 우리
에게 "하고 싶은 걸 하라"는 말과 "창의성"이라는 말이 어떻게 착취로
다가오는지에 대한 한윤형·최태섭·김정근의 『열정은 어떻게 노동
이 되는가』, 그리고 서울대생으로 살아도 삶이 얼마나 '찌질'해질 수
밖에 없는지 알기는 아냐면서 따지는 문수현 등의 『이십대 전반전』
(2010), 여러 가지 '비물질 노동' 혹은 '예술'의 영역에서 고군분투하
는 '잉여'들의 이야기 『요새 젊은 것들』(2010) 등이 있다. 이러한 20대

들이 직접 쓴 책들을 읽으면 그간 20대에 대해 한편에서 '정치적 의식'이 없다며 욕을 해대었던 '20대 X새끼론'과 다른 한편에서 '글로벌 감각'이 없다고 비웃으며 90년대 생을 띄운 'G세대론'이 얼마나 황당한 것인지를 파악할 수 있다. 아이가 모든 것을 다 누릴 수 있도록 관리하는 고학력에 엄청난 자산을 가진 '매니저맘'의 호위를 받는 사람이 아니면 이 경쟁에서 승리할 수 없고, 심지어 경쟁에서 승리하는 것마저 유동적이며 엎어지면 다시 일어날 '안전망'이 없다는 것을 이러한 책들은 명확하게 알려준다.

이러한 20대들의 자기기술은 지금의 청춘들이 '구체적 현실'을 어떻게 체감해야 하고, 어떤 지점이 문제인지를 파악하게 해준다. 하지만 문제는 그것을 넘어서 '어떤 미래'를 꿈꿀 수 있는지에 대한 '선택지(우석훈의 표현대로 하자면 '옵션')'를 상상하기 어렵다는 점에 있다. 자기계발서로 '열정'을 수혈하고, 학원을 다니면서 '스펙'을 수혈하고, 알바로 '생계'를 수혈하고, 간신히 얻은 직장으로 '카드값'을 수혈하는 상황에서 박차고 나가 도대체 어떻게 '다른 미래'를 꿈꿀 수 있을 것인가? '내 몸이 신자유주의'인 이 상황에서? 달리 말하면 자기계발의 주체가 되어버린 이 상황에서?

이 지점에서 우석훈의 글로벌 경험과 생태 경제학자로서의 장점이 십분 발휘된다. 『혁명은 이렇게 조용히』는 애당초 '공포'와 '불안'에 휩싸여 살던 사람들이 더는 엎어질 곳이 없어 '잉여'가 된 상황에서 어찌 되었건 뭔가를 꿈꿔보길 소망할 때 효과가 있는 책이다. 그의 제안은 구체적이다. 더는 '개별화'되어 모든 것을 '자기 책임'으로 돌리는 신자유주의 통치의 '아름다운 세계'에 사는 것이 아니라, '진'을 짜야 한다는 것이다. 책에 의하면 '진'은 시민운동과 정당(정치) 활동을 통해서 짤 수 있다. 그런데 몇 달 전 박원순의 발언에서 드러났지만, '명망가' 중심의 큰 시민운동단체에서 20대들은 '무급 노동'을 '자원 활동' 혹은 '인턴'이라는 명목 아래 수행해야 할 지경에 있다. 거대 정당은 그나마 월급은 주지만 자신이 바라는 정치를 만들어내기에는 역부족이거나 자신의 몸이 변해버릴 수도 있다. 그렇기 때문에 우석훈이 말하는 '진 짜기'의 최적화된 형태는 지역 정치에서 기초의원부터 시작하는 것이다. 그리고 지역의 생협 등에서 활동하는 것이다. 동시에 개별적으로는 '각개약진'하지만, 집단으로서는 아무것도 주장하지 않는 20대들에게 네 가지 기본권을 제기할 것을 제안한다. 바로 노동권, 주거권, 복지권, 교육권이다. 이는 앞서 언급했듯이 유럽에서 녹색당 생태주의자들이 제안했던 해결책이다. 이 제안에 대해서 갑론을박이 있을 수도 있다. 하지만 구체적인 패키지로 어떠한 대안도 만들어내지 못하고, 작금의 현실에 대해 '끔찍함'만을 호소하는 상황에서 이러한 프레임이 하나 갖춰졌다는 것은 새로운 대안을 구상하는 측면에서 분명 큰 이점이 있다.

　그런데 실제로 『혁명은 이렇게 조용히』에 대한 논쟁은 주로 책 말미에 붙어 있는 연세대학교 학생들의 '자기기술'에 대한 힐난으로 시작되어 우석훈의 인문학적 깊이에 대한 논쟁으로 종결되고 말았다. 분명 우석훈이 책에서 20대의 표상으로 삼은 집단은 '자기계발의 딜레마'에 빠진 연세대학교 학생들이었고, 그들이 20대 전체를 대변할 수는 없다. 조건부터 무너져내린, 학벌도 없고 조명도 받지 못하는 '몫 없는' 20대에 대한 이야기는 이 책에 존재하지 않는다. 하지만 이 책은 누구를 대변하고 대변하지 않고의 차원으로 만들어진 책이 아니다. 애초에 계급과 젠더, 지역의 차이에도 '불구하고' 이전과는 다른 방식으로 신자유주의의 '공포'와 '불안'을 넘어 '우정과 환대의 공간'을 만들려는 20대들을 위한 가이드로 기획되었다. 가이드에 대한 비판은 그것의 적용 가능성에 초점이 맞춰져야 하고 그런 의미에서 이 책은 재조명될 필요가 있다.

양승훈 문화연구자·연세대학교 젠더연구소

새로운 사회적 연대를
꿈꾸는 혁명가

"20대 젊은 블로거의 혁명을 위한 인문학!" 뒤표지에 박힌 문구다. 두 가지가 강조돼 있다. 저자가 '20대 젊은 블로거'라는 사실과 그가 '혁명을 위한 인문학'을 제안한다는 점. 그리고 의도와는 좀 다를 수도 있지만 저자의 제안은 '20대 젊은 블로거의 혁명'까지도 아우르는 듯싶다. 2006년에 대학 신입생이 되었다고 하니 저자는 아직 새파랗다. 그때부터 4년간 블로거 활동을 하며 올린 글들을 책으로 갈무리한 결과라고 하니까 얼핏 '치기'를 떠올리기 쉽지만, 책은 저자가 제때 대학에 들어간 것이 맞는지 의심스러울 정도로 정치한 문제의식과 탄탄한 내공을 뽐낸다. "입 발린 소리를 잘 하는 사람들은 흔히 인문학에 미래를 향한 새로운 상상력이 잠재해 있다고들 말하지만 나

와 같은 20대에게 인문학의 미래는 '저임금 시간강사'이다"라는 현실

고백이 엄살로 들릴 정도다.

블로그 활동(혹은 블록질)이 일상화된 시대인 만큼 '20대 블로거'

야 사방에 널려 있다. 하지만 '인문학 오타쿠(인덕후)'라고도 지칭되는

블로거는 많지 않다(알고 보니 나도 그런 별칭으로 불린다). 언젠가 네이

버 블로그 '붉은서재'를 알게 됐고, 주인장 '박가분'의 활동에 주목하

게 됐다. 그가 20대이고 (당시에) 군복무 중이란 사실은 뒤늦게 알았

다. 그보다 더 이후였던 듯싶은데 박가분은 내가 활동하던 다음 카

페 '비평고원'에도 자주 출몰하여 글을 올리곤 했다. 개인적으론 그

를 한 계간지 뒤풀이 모임에서 처음 만났다. 생각보다 왜소한 체구에

머리를 짧게 깎은 모습이었는데(그래도 사병보다는 장교 스타일의 머리였

다), 말년 휴가를 나왔다고 한 것으로 기억된다. 그 후에도 한두 번인

가 얼굴을 볼 기회가 있었는데, 나는 책이 언제쯤 나오느냐고 물었고

그는 조만간 나온다고 했다. 그렇게 해서 모습을 드러낸 것이 '박가분

본색'이라고 할 『부르주아를 위한 인문

학은 없다』이다.

부르주아를 위한 인문학은 없다
박가분 지음, 인간사랑, 2010

책은 「인문독서 후기」「문화비평」「인

문적 사유」「시사비평」 네 부로 구성돼

있는데, 실상은 전체가 인문독서 '후기'

라고 보아도 무방하지 않을까 싶다. 독

서란 '읽어내기'이고 현재의 정세와 삶

속에서 그 실천적 의미를 획득하는 것

이기에 그렇다. 저자가 독서에서 비평

과 사유로 나아가는 것이 바람직하면서도 자연스러운 경로라는 말이다. 저자가 서문에서 적고 있지만, 전체 26편의 글은 "정치적으로 중립적이지도 않고, 논조 자체도 시종일관 차분하고 공평무사한 시선과 멀다." 그것은 "나름대로 인문학을 가능한 한 철저하게 '정치적인' 방식으로 읽어내고자 시도"했기 때문이다. 인문학에 대한 저자의 관점과 관심사가 드러나는 대목인데, 인문학 전공이 아니고 전문적인 인문학 연구를 지망하는 것도 아니면서 그가 인문학을 화두로 삼은 것은 그 '정치성' 때문이다. "물론 인문학이 그 자체로 정치적인 주제는 아니다. 하지만 나에게 있어서 가장 흥미로운 것은 여전히 인문적 사유가 새로운 정치적 주체성을 사상적으로 '예고'하는 방식이다. 그것이 내가 인문학, 그중에서도 철학, 특히 정치철학에 경도된 이유"라고 저자는 말한다.

이러한 '경도'는 개인사적인 것이면서 동시에 세대론적인 의미를 갖는다. 블로그 출판의 사례로 『로쟈의 인문학 서재』(2009)와 이택광 교수의 『인문좌파를 위한 이론 가이드』(2010)를 예로 들면서 이들과 차별화된 지점을 "자신의 상대적으로 '젊은 나이'"에서 찾고 있기도 하지만, 그보다 중요한 것은 독서경험의 세대성이다. 그는 소위 '인문학 대중화'의 수혜를 입은 세대에 속한다. 이건 40대 독자로서 내가 경험해보지 못한 것이라 흥미로운데, 저자의 고백은 이렇다. "내가 고등학교를 막 졸업할 당시에 수유+너머를 중심으로 푸코, 들뢰즈에 관한 유행이 여전히 한창이었고, 유학길에 올랐던 젊은 연구자들이 돌아와 속속들이 현대 철학분야의 최신 번역서들을 내놓기 시작한 시점이었다. 알라딘의 서재꾼 로쟈의 도움도 매우 컸다."

'서재꾼 로쟈'도 거명돼 멋쩍긴 하지만, 20대 시절의 내게는 그런 '가이드'가 없었던 걸 고려하면 분명 다른 환경이다. 실제로 저자의 '인문독서'의 대종을 이루는 것은 '최신 번역서들'을 통해서 접한 현대 철학자들이다. 푸코와 들뢰즈 등을 비롯해 가라타니 고진을 경유한 칸트와 슬라보예 지젝, 알랭 바디우, 에르네스토 라클라우, 자크 라캉, 자크 랑시에르, 그리고 발터 벤야민 등이 주요 탐독 대상이자 정치적 이론과 입장을 창출하기 위한 아이디어의 원천이다. 흔히 386세대(지금은 486세대)가 사회과학서적에 몰입한 세대였다면 2000년대 대학생 세대는 양상이 조금 달랐다. 저자에 따르면 "2000년대 초반의 학생운동 서클 내부의 학회들만큼 최신 인문철학적 동향에 민감하게 반응했던 곳은 없었다".

그렇다고 해서 인문학의 논리구성 자체가 사회적으로 '사상적 힘'을 가졌던 적은 한 번도 없었다는 지적을 저자는 빼놓지 않았지만, 그럼에도 불구하고 특정 인문학 저자들은 "새로운 사회적 연대와 그 안에서 가능한 주체적 자율성에 관한 희망을 담지하는 한에서" 일부 학생들 사이에서나마 그런 힘을 가졌다고 주장한다. '새로운 사회적 연대'와 '새로운 정치적 주체성' 모색이 '그 일부 학생들'에 속하는 저자의 화두다. 그가 '88만원 세대' 문제나 '김예슬 선언'에 대해서 적극적으로 의견을 개진하는 것은 그런 맥락에서다. 예상할 수 있는 것이지만, 그는 그래서 모든 유형의 '탈정치화' 전략과 세태에 비판적이다. 가령『혁명은 이렇게 조용히』를 통해 "88만원 세대 새판짜기"를 시도한 우석훈에 대해서 "어떤 의미에서 젊은이들의 탈정치화 현상을 부추기는 공범"이라는 혐의를 제기하며, "결국은 세대 모순조차도 수많은 자본주의적 모순의 상이한 측면들 중 하나에 불과하다는 '진리'를 철저하게 고수해야"한다고 주장한다.

저자는 부르주아 국가기구의 통치전략 안에서 생성된, 혹은 신자유주의적 통치성 안에서 강제되는 '개인성'과 과감하게 작별할 것을 요구한다. 같은 세대 20대에게 던지는 저자의 강령적 메시지는 이런 것이다. "20대에게서 가능한 정치적·저항적 주체화의 가능성을 빼앗아 간 외부의 사회경제적 조건이나 외부의 권력에 책임을 돌리는 것이 아니라, 바로 20대 자신의 책임을 호명하는 고유한 방법과 수단들이 모색되어야 한다는 것이다. 이것은 아주 간단히 말해서 기성세대의 경제적·정치적 재생산 구조에서 젊은이들이 '자립'해야 한다는 것을 의미한다. 가정으로부터의 독립, 학교로부터의 독립, 나아가 관료사회와 대기업 노동시장으로부터의 경제적 독립." 그가 복학 이후 정치철학 세미나를 주도하면서 좌파 대학생들 간의 생활공동체, '공동생활전선'을 꾸리고 있는 이유를 가늠해볼 수 있다. 요컨대 그는 혁명가이고자 한다.

이현우 인터넷 서평꾼. 『로쟈의 인문학 서재』(2009), 『책을 읽을 자유』(2010) 등의 저서가 있다.

불안정 노동자의 성난 기운이
힘으로 뭉치길

산술적으로 계산한 액수로 이름 붙여 세상에 널리 알려진 '88만원 세대'란 말은, 이후 그 책의 공저자인 우석훈 스스로 인정한 것처럼 모호한 말이 되어버렸다. 한 달에 88만 원 벌이도 힘든 청년들이 늘어나고 있기 때문이다.

'20대 X새끼론'과 '20대 포기론'은 2009년 노무현 전 대통령 죽음 이후 어느 대학교수가 제기한 것인데, '스펙'에만 미쳐 세상을 바꾸려 하지 않는 20대를 비판하고 촛불을 든 10대에 희망을 걸겠다는 내용이었다. 이 시기를 전후해 이른바 '20대 담론'이 있었는데, 확실한 것은 실체가 모호하고 세력화된 목소리도 미약하다는 사실이다. 변화가 필요하다는 것은 확실하다. 청년 또는 20대의 새로운 세력화가

필요하고 그런 움직임 역시 활발해지고
있다.

성난 서울
아마미야 카린·우석훈 지음,
꾸리에북스, 2009

신자유주의 광풍은 많은 사람을 헷갈
리게 한다. 이 사회는 뭔가 문제는 엄청나
게 많은데 도대체 어디서부터 고쳐야 할
지 모를 정도가 됐다. 경제는 승자독식
체제이고, 정치는 지체遲滯되었으며, 새
로운 것은 오지 않고, 법은 사후적인데다
가 시대에 역행하며, 과거의 퇴물들이 새
로운 권력에 영합해 여전히 부귀영화를 누리고, 사회 지배권력은 패
권주의에 찌들어 변화 가능성을 잃었으며, 대다수 사회 구성원은 물
질을 향한 욕망에 사로잡혀 있다.

한국 사회, 아니 세계적으로 20대의 핵심이 된 청년실업은 불안정
노동의 문제가 무엇이며 어떻게 해결해야 하는지를 보여주는 준거
다. '일자리' 문제에 대한 새로운 접근을 통해 '완전고용사회'를 만드
는 프로젝트가 필요하다. 이를 위해서는 보편적 복지의 전면 확대, 모
든 형태의 간접고용과 비정규직 제한, 법정 최저임금 대폭 인상과 현
실화, 보편적 기본소득Basic Income의 도입, 노동시간의 획기적 단축,
초과 노동에 대한 법적 제한, 일자리 나누기 등이 필요할 것이다.

프레카리아트Precariat. '불안정한 노동자'를 뜻하는 말로 비정규
직, 저임금 노동자, 실업자 등을 총칭한다. 프레카리아트는 '불안정한
precari'이라는 뜻의 이탈리아어와 '프롤레타리아트proletariat'를 합성
해서 만든 말이다. 1997년 전후로 본격화된 야만과 폭력의 신자유

주의가 한국 사회를 휩쓸면서, 최근 한국 사회에도 프레카리아트라는 말이 회자되고 있다. 변화의 시대가 다가오고 있는 것이다.

아마미야 카린과 우석훈이 함께 쓰고 송태욱이 옮긴 『성난 서울』은 "미래를 잃어버린 젊은 세대에게 건네는 스무 살의 사회학"이란 부제를 달고 있다. 저자들이 가볍게 쓴 글에 비해 꽤 진지한 부제를 단 유쾌하고도 쉬운 책이다. 펑크록이란 장르로 '극우파 밴드'를 했던, 어찌 보면 지금의 행보와 모순된 음악을 했던 아마미야는 현장에서 발로 뛰며 선동하는 좌파 활동가가 되었고, 현재 일본의 반反빈곤 네트워크 부대표다. 아마미야는 2008년 여름에 서울을 방문해 여러 현장에서 보고 느낀 바를 우석훈과 함께 책으로 엮었다. 그는 2008년 촛불집회 현장, (지금은 어느 정도 해결된) 기륭전자분회 여성 비정규직 노동자들의 단식투쟁 현장, 한국판 '니트NEET: Not in Education, Employment or Training' 전국백수연대, '희망청'과 '하자센터'가 설립한 사회적 기업 '노리단', 서울 문래동에서 빈집 점거 운동을 하는 스쾃Squat 단체 '예술과 도시 사회연구소', 인문학 연구자들의 코뮌 '연구공간 수유+너머', 서부 비정규노동센터 준비모임, 불법체류 낙인이 찍힌 채 3D업종에 일하면서 비인간적 대우를 받고 단속추방 Crackdown 위협에 시달리는 이국인 노동자, 임재성 등 양심적 병역거부자 등등 다양한 이들을 만나 대화를 나눴다.

등가교환等價交換처럼 보이지만, 살아 있는 노동력을 사용(착취)해 미래에 실현될 가치까지 수탈하는 임금노동과 자본의 관계를 재설정하는 운동과 그 주체들이 이 책에 등장한다. 당연히 비정규직은 정규직에 비해 부당하며, 저임금 장시간 노동은 사라져야 하고, 이국인 노동자란 이유로 탄압을 받아서는 안 되며, 평화에 대한 신념과 양심 또는 종교적 해석에 따른 병역 거부를 빌미로 국가 권력이 인신을 구속해서도 안 된다.

우리는 "기껏해야 '정규직화'를 요구할 뿐인데 어째서 목숨까지 걸어야 한단 말인가. 단식투쟁 현장에 놓인 관은 어쩐지 이 나라(한국)의 슬픈 현실을 상징하는 것처럼 보였다"(44쪽)라고 말할 만큼 슬픈 현실을 살고 있다. 더 두려운 것은 이런 '슬픈 현실'이 사람들에게 아무렇지도 않게 받아들여질 만큼 팍팍한 세상이 된 점이다. 이른바 정규직화를 위해 94일 단식 등 모든 투쟁을 다 해본 기륭전자 여성 비정규직 노동자 김소연은 지금도 전국 각지를 돌며 비정규직 철폐와 정리해고 분쇄를 위해 싸우고 있다.

이미 '자본의 국적'이란 것 자체가 불분명해진 시대에, 일본의 프리터들이 '인디 노조'를 만들고 '인디 메이데이' 행사를 개최(27쪽)하며, 파견법 철폐 운동을 벌이는 것은 한국 사회에 큰 영감을 준다. 한국에서 조직된 노동자운동은 신자유주의 광풍에 맞서 힘겹게 싸우고 있다. 새로운 사회운동은 언제나 필요하며 반드시 조직되어야 한다. 대량 정리해고를 막기 위해 비정규직을 방패막이로 사용해봤자 그 부메랑은 결국 정규직에 돌아온다는 단순하면서 냉엄한 사실. 20대 청년이 아무리 눈높이를 낮춰도 '고용 없는 성장' '성장 없는 거품'이라는 신자유주의 조건 앞에서 무력할 수밖에 없다는 사실. 평균 3,200만 원이라는 대학 등록금을 스스로 내야만 취업전쟁터에 발이라도 걸칠 수 있다는 뭔가 이상한 사실. 이런 사실은 부당하며 바꿔야 할 현실이다.

2011년 6월 11일, 한진중공업 정리해고 철회를 위해 부산 영도조선소 85호 크레인(2003년 김주익 지회장이 127일 단식농성을 하며 자결한)에서 158일째 고공농성 중인 김진숙 민주노총 부산지역본부 지도위원 그리고 전국금속노조 한진중공업지회에 연대하기 위해, 정리해고 없는 세상·비정규직 없는 세상을 위한 '희망 버스'의 승객이 됐던, 권문석.

권문석 기본소득네트워크 운영위원·사회당 기본소득위원장

2. 청춘의 그라운드에 관한 고찰 085

열 사람의 한 걸음을 위한 자기계발서

어느 날, 수많은 사람들이 어떤 사실을 깨달았다. "노력하면 이겨낼 수 있다"는 명제가 참이 될 수 없음이 증명되었다는 것을. 갈 곳 없는 분노와 절망감을 스스로에게 짐 지우기도 벅찼던 그들은, 그리고 자신들이 선택해온 삶을(혹은 주장들을) 부정할 수 없었던 그들은 안전한 화풀이 대상을 찾기 시작했다. 일자리를 찾지 못한 자국인 노동자가 이국인 노동자를 찾아내듯이, 시민은 안전한 제물을 찾아냈다. 새롭게 돌출한 세대를. 그들은 자기 세대가 얼마나 사회운동에 헌신적이었는지 늘어놓으며 '이기적인 20대들'을 찾아내기에 몰두했다. 여기서 젊은이들이 실제로 얼마나 열심히 사회에 개입하고 있는지를 증명하는 건 별로 중요하지 않다. 앞 세대가 얼마나 헌신적이었는지

도 중요하지 않다. 문제는 그게 아니니까. 어느 날 갑자기 던져진 '20
대'라는 화두는 제물이 될 것을 요구하는 자와 제물이기를 거부하는
자들의 싸움이 만들어낸 파편이다. 그리고 그 파편을 중심으로 수많
은 이야기들을 양산해냈다. "88만원 세대의 비상식적 사회혁명론"이
라는 부제를 달고 나온 책『고 어라운드』는 이 대립들이 만들어낸 불
꽃의 연장선에 있다.

　아직 자기계발서 열풍이 한창이던 2009년에 출간된 이 책은 마
치 자기계발서인 듯한 용모를 가지고 있지만, 오히려 '자기계발'을 통
해 개인의 행복을 추구한다는 상상 자체가 기만임을 폭로한다. 이 책
은 학벌사회가 낳은 학력 인플레이션과 교육 시장화, 불안정한 노동
과 불확실을 향해 달려가는 체제 등을 죽 늘어놓으며, 프롤로그에서
외친 "고 어라운드!"가 무색하게도 도입부터 절망의 시대를 선언한
다. 제갈공명이 이 시대에 태어났다면 별 수 없이 입시전쟁에 뛰어들
어 그 이후로도 별 거 없이 살아갔을 것이라는 판정, 그리고 불확실

고 어라운드
이승환 지음, 라이온북스, 2009

한 시대에 대한 진단은 개인의 노력이 개
인의 삶을 결정지을 수 없음을 암시한다.
"좌절의 행진곡" 사이에서 자본과 미디어
가 외치는 "열정, 희망" 따위에 대한 이 책
의 평가는 "그런 거 없다"는 선언이다.

　여타 자기계발서가 끊임없이 보여주려
하는 환영, 성공한 20대 자산가로 대표
되는 신분 상승의 사다리는 미디어와 상
상 속에서만 존재함을, 혹은 존재한다 해

도 결코 보편적으로 나타나지 않음을 이 책은 이 한마디로 정리한다. "대체 내 아버지를 치고 올라온다는 그 젊은 녀석들은 누군데?" 이것은 저자는 물론이고 이 글을 쓰는 나도, 당신도 살아오면서 몇 번씩 겪어봤을 법한 궁금증이다.

그러나 한편으로 이 책은 자기계발서의 특성을 가지고 있기도 하다. 시대를 점검하고 변혁하고자 하는 욕망을 개인에게 주문하기 때문이다. 냉소주의에서 벗어날 것, 순응 대신에 "왜?"라는 질문을 끊임없이 던질 것. 그리고 자신의 삶에서부터 사회를 관찰하고 '요구'에 대한 열망을 가질 것 등 사회의 변혁주체로 변화하기 위한 자기계발을 요구하는 것이다. 그리고 이 시점에서 저자는 앞에서 폐기한 것처럼 보였던 사다리를 다시 소환한다.

당장 해결책이나 행동 방침을 내세울 수 없다면, 이 추상적 개념들을 좀 더 구체적으로 생각할 수 있어야 한다. 인생과 시대에 대한 근시안적 패러다임을 버리고 사회 전체와 현상의 원인을 볼 때, 장벽도 보이고 그것을 넘을 사다리도 보인다.(157쪽)

투박하게 평하면 이 책은 개인이 개인을 온전히 책임질 수 없고, 사회가 사회를 온전히 책임질 수도 없다고 말한다. 그렇기에 개인을 책임질 수 있는 사회를 만들어야 하고 그 사회를 만들기 위해 개인들이 "열 사람의 한 걸음"을 내딛어야 한다는 것이다. 의식 수준에서부터 행동으로 이르기까지의 자기계발을 요구하며 그 목표를 사회적 순환에 두고 있다는 의미에서 이 책은 저자의 세계관과 관계없이 '혁명적 자기계발서'라고 평해도 크게 무리가 없을 것이다.

물론 저 수많은 세대론 주자들과 마찬가지로 이 책의 저자도 본인과 같은 20대를 향해 말을 걸고 있지만, 기성세대가 흔하게 요구해왔듯 제물이 되기를 제안하는 방식은 아니다. "우리는 아직도 이 가방 들어주기 놀이를 한다. 한 세대가 다른 세대에게, 서울이 지방에게, 선배가 후배에게, 가족이 가족에게…"(249쪽)라고 말하며 오히려 짐 지우기 형태가 이 사회 안에서 평범하게 벌어지는 일이며, 체제가 작동하는 방식임을 이야기한다.

의심하고, 고찰하고, 행동하라는 주장의 근거로 기성세대가 "책임"이나 "젊은 피"를 들먹이는 것과 달리, 이 책은 "그들이 대신해주지 않을 것이기 때문에"라고 말한다. 어디까지나 '자신'의 인생에 대한 책임이 필요하고 '자신'을 괴롭히는 사회에 순응하지 말아야 하며 '자신'을 위해 사회를 변혁하라고 말한다. 그리고 그 사회의 상이 무엇인지, 구체적인 행동을 어떻게 해야 할지는 끝내 대신 말해주지 않는다. 다만 "행복할 수 없는 사람들이 행복할 수 있는 세상"을 위해 "무거운 짐을 함께 들어줄 수 있는 사람"이 되자고 말한다. 그리고 그 친구들과 함께 "모두가 승리하는 경기"를 하자며 동맹을 제안한다. 물론 저자는 이 동맹이 행동의 기계적 공통에 갇히게 두지 않고, 전위적인 것들이 분명 필요함을 이야기하고 있다. '몽고메리 버스 보이콧' 운동이나 '상베르나르두 금속노조 투쟁'에서 룰라 브라질 전 대통령의 역할 등을 제시하고, 바다에 가장 먼저 뛰어드는 '퍼스트 펭귄'에 주목하는 부분이 그렇다.

촌스러운 방식으로 말하자면 이 책은 '연대'와 '투쟁'에 대한 '선동'

이다. 저자가 꿈꾸는 사회관에 대한 동의 여부와는 별도로, 이 책이 주시하고 있는 타깃(그것이 20대 일반이 되었건 그중 일부가 되었건)에게 이 이야기들이 매력적으로 받아들여질지, 그러니까 '선동'될지는 매우 흥미로운 부분이다. 그리고 나는 이 선동을 말릴 생각이 없다. 저자가 제시하는 열 명의 한 걸음이라는 방식에 동의하기 때문에, 그리고 그 한 걸음이 세대라는 공통의 전선에서 시작해 그것을 포괄하는 '모두'의 것으로 진화해야 한다고 믿기 때문에.

김숫캇 사회당 서울시당 연대사업국장

연대와 공감의 길 찾기

허름한 술집에는 밤늦은 시간까지 술잔이 채워지고 있었다. 남겨진 이들이라곤 1990년대에 대학을 다닌 30대 남자 셋뿐이었다. 비슷한 시대에 대학생활을 경험한 동질감 때문이었을까, 아니면 직장 상사들이 귀가한 술자리가 주는 묘한 해방감 때문이었을까. 은근히 달아오른 취기 속에 직장생활에 대한 불만들이 하나둘씩 쏟아져 나왔고, 어느덧 진지한 토론이 펼쳐졌다. 다양한 말이 얽히고설키었고 원인과 해결책을 찾기 위해 몇 차례 술잔이 더 돌았지만 여느 술자리의 정석처럼 결론은 급했고 또 싱거웠다. "시스템이다. 이것은 시스템의 문제다." 그리고 더 이상 말이 없었다. 시스템이란 미약한 개인의 힘만으로는 넘을 수도, 그렇다고 무너트릴 수도 없는 거대하고 단단한 담이

대한민국 20대, 절망의 트라이앵글을 넘어
조성주 지음, 시대의창, 2009

란 걸 그들은 이미 20대에 배웠기 때문이다.

『대한민국 20대, 절망의 트라이앵글을 넘어』는 요즘 유행하는 20대에 관한 책들처럼 힘겹고 고단한 20대의 삶을 다루고 있다. 그러나 『20대, 나만의 무대를 세워라』(유수연, 2008)처럼 치열한 도전과 노력이 세상을 멋지게 살 수 있는 유일한 방법임을 강요하지도 않고, 『아프니까 청춘이다』처럼 20대의 실패와 방황을 따뜻한 말로 위로하려 들지도 않는다. 다른 베스트셀러들이 개인의 변화나 심리적 위로에 초점을 맞춰 이즈음 20대 담론을 주도하고 있다면, 이 책은 '개인'이 아닌 '구조' 즉, 시스템의 관점에서 20대가 처한 사회현실을 분석하고 있다. 필자는 20대를 절망케 하는 구조적 요인으로 "연간 1,000만 원을 내야만 하는 대학등록금과 100만 명에 달하는 청년실업, 그리고 20대들을 무능하고 물질만능주의에 빠져 있는 정치적 무뇌아로 보는 사회적 편견들"(196쪽)을 꼽는다. 이 문제들은 대학을 다니는 20대만이 겪는 특수한 현실임에 분명하다. 하지만 대다수의 사람들이 따르는 어떤 보편적 가치가 20대의 특수성을 규정하고 있음에 주목할 필요가 있다.

대학생들이 고액 등록금 부담을 덜 수 있는 가장 효과적인 방법은 장학금이다. 장학금은 대부분 학업 성적에 따라 차등 배분되므로 장학금을 받지 못했다는 것은 무능력의 징표이며, 이는 자동적으로 경쟁의 패배로 간주된다. 여기서 이들이 탓할 수 있는 것은 무능력한 자신밖에 없고, 따라서 1,000만 원을 내야 하는 등록금 문제 또한 경쟁에서 밀려 장학금을 타지 못한 개인의 책임으로 치환되고 만다. 청년실업 문제를 바라보는 시선도 앞에서 언급한 경쟁과 책임의 프레임에서 크게 벗어나지 않는다. 필자가 언급하듯, 보수 진영에서는 대학생들의 높은 눈높이를 실업의 원인으로 지목하고, 진보 진영에서는 왜 프랑스 학생들처럼 짱돌을 들지 않느냐며 자신의 문제에 대해 책임 있게 행동하지 않는 20대를 나무란다. 그리고 학생들은 취업 경쟁에 필요한 스펙 관리에 열중함으로써 그 시선들의 기대에 부응한다. 대학 등록금도 청년실업도 개인이 스스로 책임지고 해결해야 한다는 보편적 인식은 경쟁이 다른 모든 가치를 잠식해버린 한국 사회가 도달한 마지막 종착지인지도 모른다.

30대 직장인들에게도 20대 문제에 결부되어 있던 경쟁과 책임의 원리가 그대로 통용된다. 지금의 30대는 대학시절 IMF 금융위기를 겪으며 경쟁에서의 탈락이 가져다주는 비참함을 직접 체험한 세대다. 결코 사회는 20대의 현재와 미래에 호의적이지 않다는 것, 그리고 그런 사회에 맞서 살아남는 길은 오로지 자신의 능력을 키우는 것밖에 없다는 것을 한순간에 일터를 잃어버린 가족과 이웃의 아픈 경험을 통해 충분히 학습했다. 자연히 이들은 경쟁과 책임의 원리에 누구보다 쉽게 동의했고, 그 원리를 자신의 가치로 내면화함으로써 비로소 실업의 공포에서도 벗어날 수 있었다. 또한 이들이 겪은 20대의 경험들은 노동시장 내부에서 벌어지는 생과 사의 서바이벌을 별다른 저항 없이 수용하게 만들었고, 급기야 '자기계발'이란 전략을 선택함으로써 그 경쟁에 능동적으로 대처해나갈 수 있도록 강제하고 있다. 스티븐 코비의 『성공하는 사람들의 7가지 습관』(2003)이 여전히 사람들 입에 회자되고, '프랭클린 플래너'와 같은 자기 관리 도구들이 인기를 모으는 것은 직장인들이 가지고 있는 자기책임에 대한 강박을 반영한다. 경쟁에서 패배하는 것을 모두 자신의 책임으로 인식할 때 그들이 선택할 수 있는 전략은 자기계발 외에는 없다. 그리고 경쟁과 책임이 사회의 보편적 가치로 자리 잡을 때 시스템은 아무런 저항 없이 정당성을 획득한다. 결국 시스템의 존재감이 주는 무력감에 빠져 침묵할 수밖에 없었던 30대의 처지와, 절망의 트라이앵글에 갇혀 허우적대는 20대의 처지는 동일한 가치가 변주되어 나타난 다른 형식의 상황일 뿐이다.

그렇다면 우리는 무엇을 할 것인가? 우리는 어떻게 그 시스템을 극복할 수 있을까? 이에 필자는 "지금 20대들에게 필요한 것은 과거 선배들이 택했던 '개척의 길'이 아니라 '연대와 공감의 길'"(217쪽)이라고 답한다. 바리케이드 치고 짱돌을 들기보다는 다른 집단의 어려운 처지에 공감하고 연대해야 한다는 필자의 답변에 연신 고개를 끄덕였지만, 서바이벌 프로그램 〈나는 가수다〉의 한 장면이 떠올라 머리를 괴롭혔다. 1차 탈락자가 결정된 뒤 나머지 동료 가수들은 탈락자의 충격과 실망에 공감하며 경연 시스템을 바꿀 것을 요구했다. 이들의 연대는 성공했고, 탈락자에게는 재도전의 기회가 돌아갔다. 그런데 어쩌면 필자가 주문한 '연대와 공감의 길'이 실현된 바로 이 장면에서 대중들은 분노했고, 경쟁과 책임의 원리가 투영된 시스템의 준수를 요구했다. 대중들은 시스템을 파괴한 가수들의 연대에 공감하지 못했다. 그들의 행동에 특권과 반칙을 일삼는 기득권층의 모습이 겹쳐졌을지도 모른다. 하지만 요즘 유행하는 서바이벌 프로그램들이 우리가 매일같이 겪는 승자독식의 경쟁 논리를 그대로 재현하고 있다는 점을 고려한다면, 공감과 연대를 위한 공간이 우리 마음에 남아 있기는 한 것인지 자문해볼 필요가 있다. 경쟁에서 탈락한 자는 능력이 없기에 '벌'을 받을 의무가 있고, 살아남은 자는 노력했기에 '상'을 받을 권리가 있다는 특정한 가치가 우리에게 벌써 외면할 수 없는 진리로 공인된 것은 아닌지.

그때 그 술자리가 있은 지 한 달이 지난 지금, 공교롭게도 회사에 남아 있는 사람은 입사한 지 세 달밖에 안 된 나 혼자뿐이다. 나머지 둘은 밥벌이와는 상관없는 일을 하겠다며 홀연히 회사를 떠났다. 감히 저항할 수 없는 시스템이기에, 그곳을 벗어날 수만 있다면 좀 더 인간적인 삶을 살 수 있으리라 믿었던 것은 아닐까. 취업을 위해 고군분투하는 20대와 그곳을 피해 떠날 수밖에 없는 30대가 공존하는 아이러니 앞에서, 우리 모두가 한국 사회가 만들어낸 경쟁과 책임의 시스템에 갇힌 수인임을 기억할 필요가 있다. 하지만 생존경쟁에 치인 일상 속에서도 서로의 아픔에 공감해줄 빈 마음이 남아 있어, 언젠가는 연대의 울림으로 그 마음이 채워지길 기대해본다. 그렇게 된다면 20대 절망의 트라이앵글이 쌓아놓은 높다란 담장도 단번에 넘어설 수 있지 않을까. 어느 문인의 표현처럼, "이성으로 비관하되 의지로 낙관"하며 연대와 공감의 길을 찾아나설 때다.

곽중현 사회문화연구자

이제 골방이 아닌,
이웃으로 돌아가라

잃어버린 세대, 88만원 세대…. 지금 20대에게 붙은 수식어는 서글프다. 이들은 해당 연령층의 80퍼센트가 대학생이면서도 더 이상 지식인이나 엘리트가 아니다. 사회적 약자다. 대학생이란 신분을 호패처럼 차고 학점과 스펙 관리에 숨이 차지만 안정된 직장이 가능하리란 보장도 없다. 경제 성장에 기대어 지금까지 당연하게 누려온 경제적 풍요도 기대하기 힘들다는 불안감. 고령화 사회를 어깨에 짊어져야 한다는 부담감도 대학생들의 어깨를 짓누른다.

갈수록 팍팍해져 가는 현실에 제각각 쫓기느라 '손에 손을 잡고'라거나 '연대'라는 말이 도무지 불가능해 보이던 세대. 놀랍게도 이들이 손을 맞잡고 거리에 나섰다. 2011년 6월 10일 반값 등록금을 요구하며 청계광장에 모인 학생들은 시험 기간임에도 3만 명(주최측 추산)에 이르렀다. 어쩔 수 없다는 체념으로, 기성세대들이 짜놓은 구조의 틀에 순응하며 쳇바퀴만 돌던 이들이 우르르 쳇바퀴를 벗어난 것이다. 학점과 스펙 관리에 짓눌리며 아르바이트에 바쁜 이들이 왜 쳇바퀴를 벗어났으며 그 의미는 무엇인가.

이 책은 반값 등록금을 촉구하는 1인 시위 50일이 지난 시점에서 그 궤적과 운동 과정을 되짚은 것이다. 저자들은 '지속가능한 사회를 꿈꾸는 젊은 기업가들(YeSS)'에 소속해 리서치를 하며 기사를 쓰던 일군의 대학생. 1인 시위가 시작될 때부터 이 운동을 따라다니며 기록한 것들을 책으로 정리했다. YeSS 대표로 이들을 이끌던 경향신문 안치용 기자는 학생들이 책을 쓰도록 고무하면서 반값 등록금 운동의 의미와 가능성을 살폈다. 여기에다 박원순 변호사, 철학자 강신주, 정혜윤 PD, 조국 교수, 우석훈 2.1연구소 소장, 강남훈 교수 같은 이들이 각각의 시선으로 등록금 운동을 다양하게 조명했다.

반값 등록금 운동의 표면적인 의미는 생활정치, 당사자 운동의 새장을 열었다는 점이다. 거대한 사회 구조 앞에서 정치적 무관심과 무기력에 빠져 있던 대학생들이 자신의 문제에 대해 적극적이고 직접적으로 의사를 표현한 것이다. 동맥경화에 걸린 대의정치를 제치고 광장정치를 통해 시민들이 직접 의

청춘은 연대한다
안치용·윤송이·정수지 외 지음, 프로네시스, 2011

사를 표출했다는 점에서 2008년 촛불시위와 맥락을 같이한다. 소셜 네트워크를 통해 정보를 공유하고 사회적 이슈를 확산하고 1인 시위로 1인 시민단체 시대를 열어가는 것에 대해 시민운동이 발전했다는 평가도 나온다. 여전히 발랄하고 경쾌한 저항 방식도 변화의 하나임에 분명하다.

보다 의미 있는 평가는 따로 있다. 반값 등록금 운동이 '거대한 전환의 시작'일 수 있다는 것이다. 우석훈 소장과 안치용 기자는 이 운동이 시작된 단초가 홍익대에서의 청소 노동자 문제라는 점에 주목한다. 자신의 문제에 매몰돼 '나 몰라라'가 버릇이 된 대학생들이 자신의 문제도 아닌 청소 노동자 문제에 목소리를 내기 시작했다는 것. 우 소장에 따르면 이는 각개격파, 분할 통치를 즐겨온 한국의 자본주의 지배자들에게 엄청난 반격의 신호탄이다.

이와 관련해 안 기자가 '잃어버린 세대, 타자와 나의 재구조화'란 제목으로 쓴 보론을 주목할 만하다. 그에 따르면 반값 등록금 운동은 이것이 내포한 강력한 인화력에도 불구하고 폭발의 강도를 가늠하기 힘들었다. 운동의 조직화 수준이 낮고, 운동 지도부가 부재하며, 상이한 이념 성향의 조직과 집단, 계층이 참여하고 있어 이를 통해 달성하고자 하는 목표가 제각각 달랐기 때문이다. 하지만 이런 현실적인 제약은 역설적으로 광범위하고 전방위에 펼쳐진 사회변동의 동력이 될 수 있다고 안 기자는 전망한다.

그에 따르면 지금 세대가 대면하는 괴물은 군사독재 같은 가시적인 것이 아니다. 안개처럼 도처에 편재하면서 잘 드러나지도 않지만 더 무시무시한 괴물이다. 군사독재처럼 분명하고 가시적인 타자에 대해서는 거부할 수도 추종할 수도 있다. 이런 타자에 대해 '나'들은 이합집산하며 '우리'를 형성했다. 군사독재 시절 '나'가 '우리'를 형성하며 투쟁한 것이 대표적인 사례다.

지금 대면하는 타자는 다르다. 박정희, 전두환이나 미국처럼 한눈에 식별되지 않으면서도 온갖 것에 편재遍在하는 타자. 이 타자는 안개처럼 슬금슬금 치고 들어와 어느새 '나'를 공기처럼 둘러싸버렸다. 나는 거미줄에 걸린 벌레처럼 타자의 그물망에 갇혀 오도 가도 못 한다. 새로운 타자가 독버섯처럼 사방으로 영토를 확장하는 사이 시대변화는 '우리'를 분해시켰다. 군사 독재의 붕괴와 형식 민주주의의 달성 이후 생긴 이념의 공백을 세계화와 신자유주의 등등이 채워버린 것이다. 새로운 유형의 타자는 모든 것에 침투해 있으면서 '나'와 대립하는 데 그치지 않았다. '나' 스스로 타자가 되도록 세뇌한 것이다. "'나'와 타자"라는 지금까지의 관계에서 "'타자화한 나'와 타자"의 관계로의 전면 개편.

여기에 투항한 '타자화한 나'는 타자의 가치를 '나'에게 내면화하는 양상으로 나타났다. 좁은 취업문을 통과하기 위해 스펙 쌓기에 몰입하는 친구를 지켜보던 내가 불안감을 이기지 못한 채 스펙 쌓기 대열에 뛰어드는 것처럼… 자본의 전횡, 인권의 후퇴, 노동의 비정규직화, 교육의 시장화 등을 보면서도 여기에 적응할 수밖에 없는 것도 '나'가 무기력하게 타자화에 투항한 결과다. 경쟁만능의 대학과 미친 등록금도 여기서 예외가 아니다. 반값 등록금 운동이 특별한 의미를 지닌 것은 이 운동이 빼앗긴 나를 되찾아오는 '대전환'의 단초로 여겨졌기 때문이다.

따라서 현재 진행 중인 반값 등록금 운동을 '상상을 초월한 폭풍 진행'을 통해 책으로 만든 것도 단순히 이 운동을 사람들에게 알리고자 함이 아니다. 대전환의 신호탄이 될 수도 있는 이 운동의 가능성을 제대로 살피고 현재의 변화를 구조화한 진보로 축적하려는 것이다. 짧은 시간에 급하게 만들어진 얇은 책의 무게가 만만찮게 느껴지는 까닭이다.

　　그렇다면 타자에게 빼앗긴 나를 되찾아오는 방법은 무엇일까. 책은 우선 복잡하고 아리송하게, 정교하고 교활하게 정립된 지금의 타자를 이해해야 할 필요가 있다고 말한다. 타자화한 '나'를 재구조화해 '나'의 역량을 강화하면서 타자를 새롭게 재구성하기. 따라서 지금의 등록금 운동도 단순히 등록금을 절반으로 깎는 운동이 아니다. 타자와 나를 재구조화해 우리가 조금이라도 인간답게 살 수 있는 역량을 갖췄느냐를 판가름하는 시금석이다.

　　그 역량을 갖췄는지를 확인하는 방법은 간단하다. 골방에서 광장으로 나온 학생들이 다시 골방으로 돌아가 광장과 폐소를 왕복하는 악순환을 끊어내는 것. 이제 광장에 나온 이들이 돌아가야 할 곳은 더 이상 골방이 아니다. 공감하고 공유할 수 있는 이웃과 동네. 그곳에서 서로 손을 맞잡는 것이다. 반값 등록금 운동을 기록한 책의 제목을 『청춘은 연대한다』로 한 까닭도 여기에 있는 듯하다.

김종락 대안연구공동체

3

이것은 다만
나의 이야기

요새, 젊은, 것들의
자의식 혹은 자위식

20대를 전후한 요새, 젊은, 것들은 건국 이래 처음으로 '아무것도 안 할 자유'를 역설처럼 맞이한 세대가 아닐까 싶다. 세대를 크게 셋으로 나누면 이럴 것이다. 먼저 전쟁 뒤 지천에 널린 가난을 벗어나려고 '하면 된다'라는 자의식으로 '허리띠 졸라맨' 세대는 건국과 성장을 맛보았다. 그 다음에는 뭐든 공부 좀 하면 성취하고 출세할 수 있었던 '머리띠 졸라맨' 세대가 그 머리띠를 데모할 때도 사용하며 '해야 할 것과 해선 안 될 것'을 구별하는 자의식을 만들었다. 그리고 요새, 젊은, 것들이다.

  요새 젊은 것들은 요새, 젊은, 것들, 이렇게 셋으로 분절해서 살펴보아야 할 다양한 종합 탐구의 존재라고 생각한다. 그냥 '요새 젊은 것들' 하면 '허리띠 졸라맨' 세대에도 '머리띠 졸라맨' 세대에도 어느 정도는 비슷한 어법으로 쓰임새를 갖는다. 1997년 IMF 금융위기 이후 출생으로 잡든 2008년 세계 외환위기에 10대나 20대 시절을 맞이한 세대로 잡든, 그 당시 세대와 요즘 세대는 확연히 다르다. '요새'는 뭐든지 "하면 된다"는 불굴의 투지가 시대정신일 수도 없거니와 '해야 할 것과 해선 안 될 것'을 나름 합리적으로 구분했던 자의식의 토대이자 문화라고 할 수 있는 경제 성장 속의 민주주의와 소비의 자유를 맘껏 버무릴 수 있는 때도 아니다.

'요새'는 불길한 최후나 희망의 반전, 어떤 프레임으로 봐도 하여튼 심상치 않은 시기로 이런 때에 20대를 보낸 바 없는 선배 세대는 훈계도 권유도 동정도 좀 자제해야 한다고 생각한다. '요새'는 허리띠든 머리띠든 졸라매야 뭐가 되던 시기와 너무 다를 뿐 아니라 전혀 다른 시대의 초입이다. 이를 저성장 또는 탈물질 또는 뭐로 표상하든, '요새'는 '젊은'을 이전과 다른 새로운 신체와 정신의 세계로 매트릭스하고 있기 때문에, '것들'이란 20대 젊은이들의 자의식이 있다면 그것은 허리띠나 머리띠와 무척 상이한 경험을 만드는 중이라고 봐야 한다. 뭐라 비유할 수 있을까. 애매하지만 요새, 젊은, 것들은 저마다 '마음띠'를 두르는 중이라고 할까.

요새 젊은 것들
단편선·박연·전아름 지음,
자리, 2010

흔히들 요새, 젊은, 것들에 대해 토건세대(건국), 투쟁세대(민주주의와 소비자유)와 비교하며 '할수록 망친다'는 걸 일찍부터 보면서 자랐기에 지극히 '할 수 있는 것'에만 집착한다고 일갈하는 담론이 있는데, 이는 허리띠와 머리띠 세대가 20대를 추상화시킨 현실론the real으로 바라본 허상이다. 초점을 좀 달리해 소위 스펙과 알바와 자기소개서의 쳇바퀴를 돌리며 아이돌이나 〈나가수〉를 소비하는 20대의 반복되는 현실reality을 부각시키는 접근도 있다. 이것은 표면적인 일상론인데, 머리띠 세대가 회사와 술집과 집의 쳇바퀴를 돌리며 주식과 부동산 또는 〈100분 토론〉을 소비하는 그런 일상과 풍경만 다를 뿐이다.

요체는 그게 아니다 싶다. 봐야 할 것은 요새, 젊은, 것들이 저마다의 마음띠를 내보이면서 만들어가는 '공유되는 현실들Our shared realities'이다. 이 공유되는 현실들이란 이런저런 체험들이 누적되고 겹쳐지면서 내러티브를 만들어가는 마디들인데, 촛불로도 놀이로도 투표로도 모습을 달리해 종종 나타난다. 그 머릿수 정도를 두고 아직 약하다거나 소수라고 냉소한다면 이는 선배 세대들이 제 가치와 감성 체계로 요새, 젊은, 것들을 붙들어두려는 두려움이나 무책임의 소산이 아닐까 한다.

이런 점에서 세 명의 20대가 아홉 명의 20대를 인터뷰해서 "88만 원 세대 자력갱생 프로젝트"라는 부제를 붙인 『요새 젊은 것들』이란 책은 '20대를 추상화시킨 현실론'도 '20대의 반복되는 현실'도 비켜가면서 20대 저들끼리 '공유되는 현실들'의 어떤 한두 현실을 담고 있다. '한두 현실'이라 함은 인터뷰어 세 명은 글쓰기와 이런저런 활동을 넘나드는 '자력갱생'의 진행자들이고, 인터뷰이 아홉 명은 키보드 워리어, 붕가붕가레코드, '고대녀', 헤비 블로거, 소설가, 크래커 편집장, 인디고서원 팀장, 청춘 뮤지션, 여성영상집단 등의 타이틀에서 보듯 이른바 '보통'의 20대하고는 좀 다른 자리에 있어서다.

　이런 부류의 젊은이들을 가리켜 허리띠 세대에선 '기인' 혹은 '가난한 예술가'라고 불렀고 머리띠 세대에선 '딴따라' 혹은 '노는 애들'로 불렀다. 한마디로 사회적 신분이나 경제적 노동의 상식 기준에서 벗어난 부류라는 뜻일 게다. 부러워서든 멸시의 기분이든 이런 용처가 요새, 젊은, 것들 사이에서는 근본적으로 뒤바뀌어 있다는 것이 '요새'의 진정한 이해로 가는 관문이다. '요새'는 단지 저성장 탈고용의 산업 패러다임만 바뀐 것이 아니라 그와 맞물려서 '산다는 것'과 '인생이란 것'의 상식 기준 자체가 바뀌고 있고 그 경향이 20대들 사이에서 먼저, 생애 일찍부터 나타나는 것일 게다.

　『요새 젊은 것들』의 인터뷰이가 보이는 9인 9색에도 불구하고 공통된 자의식이랄까 하는 표면 혹은 핵이 있다면, 그것은 스펙과 취업/실업 이외엔 '아무것도 할 수 없을 것 같고 실은 아무것도 해본 적 없도록' 강요받아온 20대의 '추상화된 현실론'과 '반복되는 현실'로부터 역설적이게도 스펙과 취업/실업의 틀을 포함해 '아무것도 안 할 자유'를 간파한 아직은 소수 젊은이들의 인생 프로젝트처럼 보인다는 점이다. 인생 프로젝트라 함은 그것이 딱히 직업이다 놀이다 사회적 발언이나 행동이다 이렇게 나눠서 보기 어렵고, 그렇게 분리해서 봐야 할 '요새'의 이유도 없거니와, 시대 전환의 어떤 발상이나 자각 때문에 20대 스스로 자신들의 신체적 정신적 욕구를 직접 그렇게 통폐합하면서 빚어졌다고 보기 때문이다.

　문제는 '아무것도 안 할 자유'의 간파 다음에 '무엇인가를 (전혀 다른 의미로) 하기 시작한' 20대의 실험과 도전이 우선은 또래 세대에게 그리고 선배 세대에게 어떤 울림과 되먹임의 파동으로 전해질지 하는 점이다. 그 방법론이 꼭 20대 다수의 보편적 정치투쟁으로 만들어지거나 청년세대가 아닌 계급적 자각으로 여타 세대의 동일 계급끼리 연대해야 한다는 데에만 더 있다고 믿지 않는다. 요새, 젊은, 것들의 문제가 단순하지 않다면 명쾌한 해법을 제시하는 것도 주의해야 한다.

다만 이 책의 20대 아홉 명은 인터뷰어가 저자 서문에 썼듯 "자신의 '삶'에 대해 앞가림 잘하고 있는 친구들, 삶을 자율적으로 잘 꾸려나가는 친구들"이기에 자신의 활동과 삶의 자의식 중에서 일부라도 자칫 자위식(자기 자신에게만 위안되는 형식)으로 곡해되지 않게끔 표현과 논리 그리고 소통의 문법을 계속 가다듬어나갔으면 좋겠다. 요새 20대들이 발견한 '아무것도 안 할 자유'는 경제적 잉여 아니면 사회적 잉여 밖에 없는 듯 굴었던 선배 세대와 20대 또래에게 '공유되는 현실들our shared realities'의 의미로서 새로운 잉여의 (나누며 더 커지는) 문화를 선보이는 소중한 첫걸음이 될 수 있기 때문이다.

김종휘 문화평론 및 기획자·노리단/오가니제이션 요리 창업·전 하자센터 부소장. 『대한민국 10대, 노는 것을 허하노라』(2010), 『내 안의 열일곱』(2007) 등의 저서가 있다.

꿈을 어디 처박아뒀는지 모르겠는
20대의 자화상

살면서 저자에게 빙의할 만큼 "이거, 내가 쓴 거 아닐까?" 싶은 책을 발견할 확률은 어느 정도일까. 가능태는 이렇게 요약된다. 하나, 진짜 내가 썼는데 까먹은 경우. 둘, 어지간해선 일어나지 않는 표절을 한 경우. 셋, 정리하는 데 소질이 없어 생각 덩어리만 껴안고 사는데, 그게 매끄럽게 정리된 글을 봤을 때 착각하는 경우. 대개 세 번째다.

그런데 건방 섞어 말하자면 '진짜' 내가 썼나 싶은 책을 만났다. 유재인의 『위풍당당 개청춘』. 2년이 넘는 백수생활 청산하고 공기업 직원으로 당당히 발돋움했지만 현실은 그게 그거더라는 이야기를 담은 사회생활 신출내기의 에세이다. 카페 구석에서 신문기사를 오리던 백수시절부터 회사 앞 카센터 똥강아지 백구의 굵은 산출물을 관

찰하는 오늘에 이르기까지 평범한 일상
을 소묘하며 생각을 재치 있게 풀어낸
다.

위풍당당 개청춘
유재인 지음, 이순, 2010

저자와 나의 공통점이라면 신문방송
학과라는 출신 성분을 의식해 신문 좀
끼고 살았으며 '언론고시'를 준비한 적
이 있다는 정도다. 저자는 '이대 나온 여
자'지만 나는 그렇지 않고, 저자는 '신의
직장'이라는 공기업에 다니지만 나는 월
급날에만 특별히 충성을 다짐하지 않게끔 매우 '인간적인' 월급을 주
는 회사에 다닌다.

그럼에도 불구하고 저자와 같은 곳에 있다는 느낌에 문득 뒤를 돌
아보거나, 책날개의 저자 약력을 다시 확인해보았다. '현실과 불화를
일으키는 지점'이 나의 그것과 대단히 닮았기 때문이 아닐까. 물론
이 책의 가장 큰 매력인 재담꾼 저자의 날렵한 글솜씨를 생각한다면
이런 기시감 역시 세 번째 경우인 착각에 해당할 지도 모른다.

우리는 회사를 그만두고 싶단 생각을 밥 먹듯 하지만 백수생활을
창조적으로 영위할 능력이 없어 실행을 못 한다. 염세주의자 쇼펜하
우어 옹의 구분에 따르면 "고뇌와 권태 중에서 자발적으로 권태를 선
택한 인간"이다. 현실은 '어제 고등어 튀김이 나왔으면 오늘은 가자미
튀김이 나오는' 구내식당 메뉴만큼이나 단조롭지만, 인생이라는 녀
석이 실망보단 희망을 더 많이 마련해놨을 거라는 철석같은 믿음으
로 산다..

저자의 꿈이었다는 기자란 명함을 달고 사는 나마저도 이렇다. 나야 기자라기보다 기자와 편집자 중간쯤 가는 정체停滯형 정체성을 지녔기에 멋쩍은 건 사실이다. 하지만 언젠가 모 아나운서가 자사 사장의 행태를 비판하며 "언제까지 회사원처럼 살아야 하나요? 언론인으로 살고 싶어요!"라고 말했을 때, 이러나저러나 월급 받아먹고 사는 운명은 똑같지 않은가 회의했던 '언론인'은 비단 나만이 아닐 게다. 이쯤에서 저자의 것이든 내 것이든 언론사에 낸 자기소개서를 갖다 놓고 '비포 앤 애프터' 몽타주라도 연출해야 할 것 같다. 아, '비포' 속 우리는 기사로 정책적인 반향을 일으키고 특종상을 받고 향응 따위는 절대 거절하고… 그러고 있겠지.

　언론사든 공기업이든, 회사생활은 그냥 회사생활이다. 어딜 가나 말도 안 되는 행정 절차가 존재하고, 짜증나는 '놈'과 예쁘게 보이고 싶은 '분'이 비슷한 비율로 존재하며, 어제 '갑'이 오늘 '을' 되고 그러는 법이다. 하지만 이러한 현실을 꾸역꾸역 받아들이고 열 받을 때 메신저 대화창이나 켜는 까닭은, 그러한 현실이라도 그만두게 할 만한 뚜렷한 동력은 또 없기 때문이다. 이 책은 불만 가득한 모순투성이 현실이지만, 아무리 해도 새 꿈은 돋아나지 않는 모든 이들의 심정에 관한 이야기다. 학교에서 배운 대로 그럭저럭 성장은 했지만, 내 삶이 톱니바퀴가 된다는 운명을 받아들이지 못하는 사람들 얘기. 시장에서 매력적인 상품이 되기 위해 나를 갈고닦다가 내 속의 시인도 혁명가도 로큰롤 가수도 다 죽여야 한다는 걸 알아버린 사람들 얘기.

　저자가 『On the Road』(박준, 2006)이라는 여행자 수기를 읽으며 "나와 비교되는 행복에 크게 상처 받는다"고 한 대목에서 마음이 흔들렸다. 여행자도 힘든 건 마찬가지이며 행복이란 누구 말마따나 잠시 나타나기에 행복일 따름이니 주눅 들지 말라고 얘기해야겠지만, 중요한 건 그들은 어쨌든 결정을 내렸단 사실이다. 우린 아직 손가락 빨며 갈등하는 중이고. 입사 3~5년차가 고비라는 철없는 애들 얘기 말이여? 라고 말하는 꼰대들은 〈반칙왕〉이나 〈즐거운 인생〉 〈써니〉도 안 봤나. 모두 조금쯤은 삶과 꿈의 경계에서 위태롭게 살지 않나.

이 책은 세대론에 기대지는 않는다. 20대 담론의 핵심인 대학생이나 백수로서의 정체성을 내세울 새가 적었기 때문이기도 하다. 그러나 책은 저가 꽂힌 서가에 의해 그 의미가 결정되는 법이므로, 같은 시기에 쏟아져 나온 20대 관련 책들과 함께 묶일 운명이었다.

물론 "20대 목소리는 우리가 직접 내겠어!"라는 기치 아래 쓰인 수많은 '포스트-88만원 세대'의 20대 담론에 자의 반 타의 반 한 뼘쯤 차지하는 기획임엔 틀림없다. 『88만원 세대』 이후 정말 다양한 20대 당사자 목소리가 쏟아져 나왔으나 그들이 마주친 비판은 똑같았다. 결국 제 얘기를 능히 풀어낼 수 있는 소수의 목소리란 얘기였다. 그러더니 요즘은, 지방대생 리포트를 통해서든 비정규직 인터뷰를 통해서든 그동안 가려진 이들의 목소리를 발굴하는 게 또 하나의 흐름인 모양이다.

이런 흐름에 놓고 보면 『위풍당당 개청춘』은 인터넷 서평에서 "명문대 나와 공사 취직? 남편도 있어? 가진 자의 넋두리구만?"이라는 비난과 별점 1점이라는 불명예를 얻는 잘난 자의 이야기에 불과하다. 20대가 놓인 현실을 스스로 얘기하는 다른 책들이 받는 비판과 마찬가지로, 들여다봐야 사정이 다르다는 것만 확인하는 개별 증언에 머물고 마는 것이다.

그 비판의 가치를 모르는 것은 아니나, 이 프레임 탓에 우리는 자기고백에서 20대 전체의 현실을 봐야 한다는 강박을 얻고 말았다. 하지만 세대 보고서를 봐야겠다는 관음을 벗어던지고 "꿈을 어디 처박아뒀는지 모르겠는 내가 쓴 게 아닐까" 싶은 마음으로 훑어본다면, 이 책은 아주 재밌고 진솔한 우리 모두의 일기다. 요즘 20대들 어떤지 한번 보자는 빡빡한 마음이 아니라 삶과 내면이 삐걱거릴 때는 역시 다 비슷하구나 싶은 마음으로 너그러이 접근해보면 어떨까. 사실 만화나 소설 보듯 읽는 맛을 더하는 글솜씨 덕에 일단 펼치면 실망하지는 않을 것이다. 다시 생각해보니 '내가 쓴 게 아닐까' 싶은 마음은 이렇게 산뜻한 글을 쓰지 못하는 나의 착각이었다.

저자가 모 일간지에 칼럼을 연재한다는 사실을 알고 반가웠다. 여전히 평범한 일상을 공감의 경지로 끌어내는 재주를 뽐내고 있었다. 이토록 뛰어난 글쟁이가 언론사 글쓰기 시험에서 와르르 낙방했다는 사실이 믿어지지 않지만, 자유로운 칼럼으로 만나는 게 독자로선 오히려 더 행복한 일인지도 모르겠다.

안은별 〈프레시안〉에서 2년째 생활 중. 현재 소속은 '프레시안books'.

시시콜콜함에 대한 어느 대화:
『낢이 사는 이야기』를 경유하여

『낢이 사는 이야기』는, 위키피디아를 참조하자면, 1983년생 만화가 서나래가 연재하는 웹툰으로 소소한 일상을 그림일기 형식으로 그려내고 있다. 6월 초순『낢이 사는 이야기』에 대한 글을 주문받고 죽 읽어 내려가다가, 하지만 마감 날짜를 깜박 잊고 있던 지라 독촉 전화까지 받은 다음 날. 친한 친구와 곱창집에 들어가 동치미 국수와 소금구이 곱창 2인분을 시키자마자 나눈 대화를 재구성. 이하.

"너『낢이 사는 이야기』읽어봤어?""어. 옛날에 인기 많았잖아." "지금도 인기 많나?""지금은 잘 모르겠는데… 근데 왜?""어디 뭐 쓸 데가 있어서… 어쨌든 넌 어떻게 봤냐?""너 원래 웹툰은 보냐?"

"아니 전혀 안 보지." "그러니까 너 같은 애는 '루저'니 뭐니 만날 얘기해봤자 그런 정서를 이해할 수가 없는 거야. 나 옛날(백수일 때)에는 할 일 없어서 만날 웹툰만 봤어. 그냥 보는 거야. 할 일이 없으니까." "너 취업했잖아." "그래서 요새는 못 보지. 웹툰 같은 거 보면 뭔가 루저 취급을 당한달까⋯ M은 (취직을 한) 지금도 웹툰 순례하잖아. 걔네 회사는 회사에서 웹툰 봐도 뭐라고 안 하니까. 걔는 '내추럴 본 루저'라서 그 길로 끝까지 갈 거야. 우리 회사는 안 그러니까⋯" "너희 회사는 웹툰 보는 사람 없어?" "회사 사람들하고 한 번도 웹툰에 관한 얘기한 적 없는 거 같은데⋯" "그래도 보는 사람 있지 않을까?" "⋯뭐 있을 수도 있겠지. 그런데 떠벌릴 만한 일은 아닌 거 같아." "일종의 '길티 플레저' 같은 건가?" "⋯뭐 그럴 수도 있고. 아, 너 말 또 존나 어려운 것만 써, 진짜."

"나는 『낢이 사는 이야기』 읽으면서 그런 생각을 했다? 재밌긴 재밌는데 헛웃음이랄까⋯ 존나 의미 없다 뭐 그런 느낌이었어." "맞는 말이야. 그런데 보통 여자들 일상이 그래." "보통 여자들?" "어. 99퍼센트의 여자들. 사는 게 다 그렇잖아? 『낢이 사는 이야기』가 인기 많은 건 집에서 늘어진 추리닝 입고 게으르고⋯ 뭐 그런 것들을 솔직하게 보여주기 때문 아닌가⋯" "나는 원래 원고 청탁이 들어

낢이 사는 이야기
서나래 글·그림, 형설라이프, 2010

오면 위키피디아부터 검색하거든? 그런데 거기에 '일상생활에서 공감할 수 있는 시시콜콜한 이야기들이 주된 소재'라는 설명이 있는 거야. 그러니까 나는 그거 말고 이 웹툰에 뭐가 더 있나, 그런 생각이 드는 거야." "그게 매력 아냐? 『낢이 사는 이야기』는 시시콜콜한 게 매력이지." "그게 무슨 의미가 있어?" "별 의미 없지." "별 의미 없는데 사람들은 좋아하잖아." "의미가 없으니까 좋아하지." "의미가 없는 걸 왜 좋아해?" "…야, 관둬. 아 진짜."

　(소금구이 곱창을 굽기 시작한다)

　"나는 요새 회사 다니다 보니까 사람들이 왜 소비를 하는지 알긴 알겠더라." "왜?" "할 일이 없으니까. 회사가 재미있는 것도 아니고. 그냥 그렇게라도 스트레스를 푸는 거 같아." "너는 소비 많이 안 하는 편 아니냐?" "아니, 나 요새 택시 엄청 타고 다니는데…" "나도 택시는 많이 탄다. 술 먹고 택시 타는 것 빼곤 돈 쓸 일 아예 없어. 엥겔 계수랑 택시비 계수 존나 높아. (웃음)"

　"야, 난 진짜 신기했던 게 『낢이 사는 이야기』에는 가족들 이야기가 많이 나오잖아. 그런데 뭔가 관계가 너무 '스무드'하달까? 이를테면 동생이 군대 가는 에피소드가 있잖아? 그게 솔직히 좀 슬플 수 있는 상황이잖아. 어지간하면 그런 상황에서 인간적으로 슬퍼하거든. 그런데도 터치가 엄청 가벼워. 다 너무 시시콜콜해진달까. 나는 그게 진짜 이상해. 아버지 어머니도 많이 나오는 캐릭터 중 하나인데 티격태

격하는 장면들은 간혹 있다 쳐도 막 싸우는 경우는 한 번도 없어. 직장이라든지 학교에서의 관계도 마찬가지야. 절대 진지하지 않아. 그냥 시시콜콜할 뿐이지. 그런데 사람이 과연 그렇게만 사나? 서나래씨는 그렇게만 살까? 나는 여기서 뭐랄까… 인위적인 뭔가가 있는 것 같단 생각이 들어. 일부러 시시콜콜하게 보이려는 거? 네가 아까 보통 여자들은 다 이렇게 산다고 했잖아. 그런데 정말 그런지 나는 잘 모르겠어. 물론 내가 여자는 아니지만 말야."

"내가 또 이상하다고 느꼈던 게 뭐냐면, 나는『낢이 사는 이야기』를 보면서 자기 의견을 피력하는 걸 도통 못 본 거 같아. 다만 계속 일상적인 상황들만 이어져. 끝없는 일상. 이런저런 상황에서 스트레스가 발생할 수도 있고 화가 날 수도 있는 거잖아? 그런데 낢은 다 웃음으로 비껴나가거든. 나는 그 태도가, 정말로 내면에서 우러나오는 여유 때문인지 아니면 그거밖에 선택할 게 없어서 부득이하게 취하는 자조인지 분간이 잘 안 되는 거야. 하지만 여유냐 자조냐가 중요한 건 아닌 거 같기도 하고. 어쨌든 그러면서 낢은 자기 주변의 모든 것들을 '가벼운 것'으로 만들고, 궁극적으로는 자기 자신과는 거리가 있는, 삶에 있어서 별 상관없는, 웃어넘기고 마는 것으로 만드는 게 아닐까… 그 때문에 나는『낢이 사는 이야기』를 아무리 읽어도 낢이 실제로 어떤 사람인지를 도무지 유추할 수 없었어. 기껏 전공이 뭔지 가족관계가 어떻게 되는지 같은 '일기' 형식에 자연스레 나올 수밖에 없는 정보만 알았을 뿐이야. 어떤 생각을 가지고 어떻게 사는 사람인지, 그녀의 삶에서 중요한 것은 무엇인지, 이런 것들은 일부러 감춘다고 생각할 정도로 아무것도 알 수가 없어. 내가 아까 인위적으로 시시콜콜하게 보이려고 하는 건 아닐까 얘기했잖아. 같은 의미로 인위적으로 캐릭터의 표피만 남겨두고 나머지는 지우고 있달까… 그런데 오히려 그런 게 재미있어. 이렇게 얘기해도 괜찮다면 이런 태도가 많은 20대들, 어쨌든 낢과 비슷한 또래가 삶을 대하는 태도라든지 삶을 살아가는 태도라든지 이런 것과 맞닿아 있을 수도 있지 않을까 싶기도 하고…"

"넌 정말 짜증나" "왜?" "존나 답답하다, 진짜." "야…" "됐어. 곱창이나 먹자." "…" "모르겠다." "글쎄…"

글쎄.

단편선 음악가. 저서로 『요새 젊은 것들』(공저, 2010)이 있다.

그래도 그는 행운아

4월 6일. 월요일.

동아일보 인터뷰, 내가 장기하 때문에 고생이 많다. 장기하는 나를 알까? 장기하한테 가서는 달빛요정에 대해서 어떻게 생각하냐고 물어보기는 할까? 나는 장기하보다 더 넓은 음역대를 가진 그저 그런 가창력의 소유자.(248쪽)

2009년 4월이라면 장기하와 얼굴들이 1집을 막 내놓고 한창 관심을 끌고 있을 무렵이다. 장기하와 얼굴들이 거둔 이례적으로 대중적인 성공 덕에 인디 음악에 그다지 관심을 보이지 않았던 매체들이 한창 관심을 보이고 있었고, 적지 않은 인터뷰를 진행했다. 거기서 빠지

행운아
달빛요정역전만루홈런 지음, 북하우스, 2011

지 않았던 질문 가운데 하나가 장
기하와 얼굴들 데뷔곡이자 성공
의 계기가 되었던 〈싸구려 커피〉,
눅눅하고 찌질한 일상을 섬세하게
묘사한 이 노래를 '88만원 세대'
담론과 연결시키려고 하는 것이었

다. 실제로 적지 않은 이들이 장기하와 얼굴들의 성공을 경제적 곤란
을 겪고 있는 현 세대의 감수성에 그들의 노래가 부합했기 때문이라
고 생각하고 있었다. 심지어 장기하와 얼굴들을 '88만원 세대의 대
변자'라 일컫는 이들까지 있을 정도였다. 나머지 노래들은 생략한 채
한 곡의 노래에 밴드 전체를 수렴하려는 이러한 얘기들에 대해 노래
를 만든 장기하는 "그러한 의도는 별로 없다. 듣는 이들이 생각하기
나름"이라고 덤덤하게 부인하고 넘어갔다. 딱히 고생이라 생각할 이
유는 없었다. 대단한 관심에 따라오는 사소한 오해라고 생각하면 그
만인 입장이었으니까.

정작 미디어들의 이런 접근 때문에 피곤한 이들은 따로 있었다. 인
디 음악에 대한 배경지식이 없던 미디어들은 다른 인디 음악인들에
게 접근하면서 장기하를 매개로 삼았고, 이로 인해 매 인터뷰마다 그
들은 장기하의 성공에 대해 어떻게 생각하는지 답변해야 했다. 그리
고 그중에서도 가장 고단했을 이 가운데 한 명이 이진원, 달빛요정역
전만루홈런이었으리라. 당시 이미 6년차에 접어드는 중견 인디 음악

인으로서 진작부터 꾸준하게 젊은 사람들의 정서적, 경제적 고단함에 대해 노래하며 세 장의 정규 음반을 내온 그가 갑자기 어디서 툭 튀어나온 장기하와 88만원 세대 사이의 연결을 수식하기 위해 갑작스레 호출되어 뭐라도 얘기해야 하는 상황에 처하게 되었으니까. 한편 장기하와의 인터뷰에서 달빛요정역전만루홈런에 대해 묻는 이는 없었고.

나는 그를 전부터 알고 있었다. 그의 음반을 (돈 내고 다운받아서) 들었다. 우리 회사가 지향하는 바와 그의 음악 사이에 유사한 면이 있다고 생각해서, 들어야 할 것 같았다. 영미 록 음악의 첨단과 발걸음을 맞추던 대부분의 인디 음악과 달리 그의 음악은 유행과는 동떨어진 예전의 록 음악과 닮아 있었고, 좀 더 구체적으로는 '가요'의 냄새를 갖고 있었다. 이러한 면에서 최신 유행과 보조를 맞추는 데 별로 관심이 없고 예전 한국 음악을 근거로 뭔가를 만들어오던 우리로서는 세련된 다른 인디 음악에 비해 동질감을 느낄 만한 것이었다.

반면 차이 역시 명확했다. 그의 음악에서 느껴지는 고단함은 음악은 즐거운 것이라는, 혹은 즐거운 것이라야 한다는 나의 생각과는 차이가 있었다. 물론 처음 인디 레이블을 만들 때부터 경제적인 지속가능성을 모토로 내걸었던 만큼 진작부터 돈 문제에 관심을 갖고 있긴 했지만, 어쨌든 서울대라는 학벌을 보험으로 갖고 있는 사람들과 일을 하다 보니 음악은 취미로도 가능하다고 생각했다. 한국에서 팔리기 힘든 음악을 하면서 그것을 생업으로 삼는 그와는 고민의 깊이가 다를 수밖에 없었다. 한편으로는 그가 너무 불퉁대는 것은 아닌가, 너무 각을 세우고 자기 바깥과 맞서고 있지 않는가, 라는 생각이 들기도 했다. 그가 내린 인디 음악인의 정의에 따르면 "자의식이 과잉된 어려운 음악을 하면서 음악으로 자위를 하며 사는 부잣집 녀석"(95쪽)에 불과한 것인지도. 결국 나한테 달빛요정역전만루홈런은 가깝지도 멀지도 않은 그런 존재였다.

그의 책 『행운아』를 쉽사리 집어 들지 못했던 것도 이런 미묘한 거리감 때문이었다. 상관없다 생각하고 관찰하기엔 가까이 있는, 하지만 동질감을 느끼며 친근해하기엔 멀리 있는 얘기. "음악에는 돈이 많이 든다. 하지만 카메라도 그렇고 자동차의 경우도 그렇듯 제작비 5천만 원으로 만든 음반이 50만 원으로 만든 음반보다 백 배 더 좋지는 않다."(94쪽)는 대목에서 느껴지는 동질감은 "나는 음반을 내려고 10년을 혼자 준비했다. 그래서 음반 내는 것 이외에는 아는 게 아무것도 없다. 별로 불편한 건 없다. 모든 건 열정이다."(같은 페이지)에선 거리감으로 바뀐다. 『행운아』의 그는 나보다 훨씬 더 인디적인 사람이다. 뜨거운 마음으로 자신이 겪고 있는 상황을 굳세게 돌파해나가는 그런 음악인. 나 같이 미적지근한 부류와는 확실히 다른 사람. 그리고 야구를 엄청나게 좋아하는 사람.

함축적이어야 하는 노랫말의 제약 때문에 한쪽으로 치닫기 쉬운 노래에 비해 『행운아』는 좀 더 다양하고 직접적으로 그의 삶의 모습을 보여주고 있었고, 그것은 노래와 더불어 그의 세계를 느낄 수 있는 훌륭한 보완물이 되고 있다. 거꾸로 생각하면, 그의 노래를 듣지 않은 사람에게는 그다지 의미가 없는 책일 수도 있다. 책의 3분의 1이 그의 노래에 대한 얘기라는 점에서 더더욱 그렇다. 아니, 야구를 좋아하는 사람이라면 또 다를 수도 있겠다. 책의 4분의 1은 음악만큼이나 그의 삶에서 큰 의미를 갖고 있던 야구에 대한 얘기니까.

올해 초였나, 자신의 트위터에 장기하 덕분에 찾아주는 이가 많아 장사가 잘 돼서 기분 좋다는 글을 남긴 걸 본 기억이 난다. 몇 달 지나서 나에게 술자리에서 장기하를 봤는데 얘기는 못 나눴다며 안부 인사를 전해달라는 글을 보냈고, 나는 다음에 공연을 보러 갈 테니 술한잔 같이 하자는 답신을 보냈다. 그리고 얼마 지나지 않아 그는 뇌경색으로 세상을 떠났다. 트위터에 그를 추모하는 글이 가득 찼고 장기하와 얼굴들을 비롯한 100팀의 인디 음악인이 모여 홍대 앞에서 추모 공연을 가졌다. 이런 광경을 먹먹하게 보고 있다가 나는 트위터에 한마디를 남겼다. "좀 더 열심히 살겠습니다."

그가 떠난 지 두 달 뒤 그가 쓰던 책이 발간되었다. 어두컴컴한 배경을 뒤에 두고 울먹이는 달빛요정역전만루홈런을 표지에 담은 책의 제목은 『행운아』. 고단하게 음악하다가 일찍 떠나게 됐지만 그래도 자신은 행운아라며 감격한 듯한 모습이다. 수고하셨습니다. 정말로 열심히 살겠습니다.

고건혁 봉가붕가레코드 대표. 저서로 『봉가붕가레코드의 지속가능한 딴따라질』(공저, 2009)이 있다.

풍문을 뛰어넘어
20대를 성찰하다

20대, 넌 누구냐

대학시절 학교신문사 기자로 일할 때, 현직 기자들과 만날 기회가 종종 있었다. 그때 자주 받았던 질문 가운데 하나. "요즘 대학생은 무슨 생각하고 삽니까?" 순수하게 궁금해할 때도 있지만 행간에 비판을 담고 있을 때도 종종 있었다. '요즘 젊은 것들 생각은 좀 있나?'하는 식이었다. 누군가에게는 20대가 연대라고는 모르는 개인주의 집단으로 보였을 테고, 누군가에게는 부모 품에서 풍요롭게 자란 나약한 세대로 보였을 것이다. 때로 무한경쟁사회에 던져진 안쓰러운 비정규직 세대로 보아주기도 했다.

나는 답을 생각하다가 망연해지고는 했다. 나의 세대를 어떻게 설명해야 할지 알 수 없었다. 그러다 어느 날인가는, 만취 상태에서 주절주절 이렇게 대답했다(고 친구가 증언했다). "오늘 학생회장이 등록금 투쟁한다고 삭발식을 했는데요, 대부분은 슬쩍 보고는 수업 늦었다면서 가고, 학생 몇 명은 여자가 어떻게 민머리로 사냐며 불쌍하다고 울고, 나는 깎은 머리를 쓸어 담는 학생회 사람들한테 가서 몇 마디 인터뷰도 하고 그래야 하는데 입은 안 떨어지고, 정신 차려보니까 아무도 없었고… (이쯤에서 페이드아웃)"

삭발식 자리에서 본 이들은 모두 20대였다. 학점 관리를 위해 서둘러 자리를 뜨고, 학생회장의 미용을 걱정하면서 울고, 호응도 없는데 머리를 깎는 그 모습을 하나의 범주로 묶어낼 수가 없었다. 그중에는 부인하고 싶은 모습도, 외면하고 싶은 모습도 있었다. 결국 '너희 세대를 설명하라'는 요구에 주절거림으로 대응하고 말았다.

사실 한 세대를 몇 가지 키워드로 읽어내려고 하는 것은 위험한 일이다. 그럼에도 불구하고 사람들은 본래 규정짓는 것을 좋아하는 듯하다. 그렇지 않다면 Y세대니 V세대니 하는 신조어들이 계속 생겨날 리가 없다. 곧 알파벳 스물여섯 자가 부족해질 판이다. 부모님 세대의 초상화에 머리띠를 둘러준다면, 그 위에 쓴 문구는 단연 '산업역군'일 것이다. 386세대는 '민주투사'라는 머리띠를 두르고 있다. 그렇다면 지금 20대의 머리띠엔

이십대 전반전
문수현·박은하·원소정·최은정·홍지선 지음, 골든에이지, 2010

어떤 설명을 적어넣어야 할까. 김연아와 박태환의 시대, 무한경쟁사회에 던져졌다는 불안과 공포, 물질적인 풍요, 체제에 순응하려는 나약함, 고스펙, 10대보다 정치적으로 소극적이고 보수적인 세대. 그리고 88만원 세대. 이처럼 확실한 이름 없이 무수한 풍문만 낳은 세대가 또 있을까 싶다. 심지어 하나의 범주로 묶을 수 없다는 게 20대의 특징이라고 말하는 것까지 들은 적이 있다.

그래도 2011년을 살아가는 20대의 민얼굴이 진정 궁금하다면? 그럴 때는 일단 판단을 멈추고 당사자들의 이야기를 들어보는 게 상책이다. 묻지도 따지지도 말고 그들의 경험을 따라가보는 것이다.

경험으로 풀어낸 20대의 민얼굴

『이십대 전반전』을 쓴 다섯 명의 필자는 20대의 다양한 프리즘을 겪으며 살고 있는 젊은이들이다. 다섯 명 필자의 공통점이 있다면 2011년 서울이라는 시공간을 20대 초중반의 나이로 살아가고 있다는 것. 그리고 어쩔 수 없이 눈길이 가는 이력, 바로 서울대 출신이라는 점이다. 서울대 학생자치언론 〈교육저널〉에 적을 둔 학생들로, 다시 말해 학벌만으로는 이미 대한민국 1퍼센트의 권력을 손에 쥔 입시지옥의 최종 승자들이다. 필자들 또한 이 사실을 모르지 않는다. 오히려 그들의 성찰에는 자신이 가진 권력에 대한 성찰도 포함되어 있다. 그리고 그동안 겪어온 입시지옥과 경쟁사회에 대한 성찰 또한 마찬가지다. 필자들은 늦은 밤 안줏거리가 될 수도 있는 주절거림을 더욱 명확한 언어로 만들어낸다. 자신의 모습을 외면하지도, 부인하지도 않는다. 들어가는 말에서 책에 대해 "꿈꾸는 스무 살의 이야기가 아니다. 불안에 젖은 세대의 자기고백도 아니다"라고 밝힌 바와 같이, 담담하게 보고 듣고 느낀 것을 기록해나간다. 무엇보다 대부분의 글이 자신의 경험에서 출발한다는 것은 현명한 일이다. 20대를 둘러싼 갖은 풍문에서 비교적 자신의 시선을 지킬 수 있기 때문이다.

그런데 개인의 이야기를 풀어놓는 사이, 개인은 자연스럽게 사회와 결합한다. 왕따를 당한 경험은 IMF 금융위기라는 고단한 사회를 읽어내는 열쇠가 된다. 왕따를 당한 것이 자신의 탓이 아니라는 사실을 깨닫고 스스로를 긍정하기에 이른다. 부모와 떨어져서 몸을 누일 방 한 칸 찾는 과정은 서울의 자본주의와 맞닥뜨리는 첫 경험이다. 돈에 맞추려면 전망이나 위치, 세면대 가운데 무언가 하나는 포기해야 한다. 온갖 기회비용을 저울질하다가 결국 돌아오는 것은 궁색한 방이다. 첫 '알바'기는 또 어떤가. 요식업체 비정규직 노동자가 처한 악조건에 분개하는가 하면, 손님들의 무례함에 상처받는다. 손쉽고 고상한(?) 알바인 과외를 선택해보지만 오히려 '과외 하지 말자'는 다짐을 하기에 이른다. 첫 알바부터 학력을 권력으로 사용해서는 안 된다는 생각 때문이다. 취업난에 어쩔 수 없이 고스펙 쌓기에 동참하면서도 스펙이란 말을 부끄럽게 여기고 불공정한 경쟁이 사라지는 날을 꿈꾼다. 좁은 밴 안에 갇혀 인도거리를 달리면서는 국제정치를 읽는다. 밴 안에는 이스라엘, 한국, 이민자 티베트 사람들이 앉아 있고, 그들이 앉은 자리의 가격은 국가경제수준에 비례한다. 그리고 티베트 소녀들을 보며 '연대'라는 단어를 떠올린다.

이 책 한 권이 대한민국 20대를 대변할 수는 없다. 다섯 필자의 다소 산발적인 경험을 배경으로 하고 있으니 이 책을 읽고 나서도 20대의 모습이 뚜렷하게 보이지 않을 수도 있다. 그렇다고 해서 수많은 모습을 조합해서 하나의 '상'을 만들려고 애쓰지는 말자. 하나의 키워드로 자신을 강박적으로 설명하려고 하지 않은 점이 이 책의 장점이니까. 그저 20대가 이토록 다양한 모습으로 달려나가고 있구나, 하고 생각하는 걸로도 족하다.

『이십대 전반전』. 제목이 암시하는 바에 따르면 나는 '이십대 후반전'을 살고 있다. 앞으로 세대의 문제를 함께 떠안고 살아가겠지만, 중요한 건 원망이나 자기비하가 아닌 다른 희망을 그려볼 수도 있다는 점이다. 기쁘게도, 내 눈에는 운동화 끈 질끈 묶고 물 한 모금 마시며 후반전을 준비하는 그들이 보인다. 어쨌든 한번 달려보겠다는 한껏 가벼운 마음으로, 그러나 이전에 비해 훨씬 단련된 몸으로 서 있는 모습이다. 그들의 귀는 열려 있고 눈은 크게 뜨여 있다. 입은 말하고 손은 바쁘게 움직인다. 전반전에서 깨달은 것을 기반으로 후반전을 살아낼 것이다. 하프타임에서 숨을 고르고 있는 그들이 후반전도 잘 치러낼 수 있기를. 건투를 빈다.

김지숙 소설가

20대여, 냉소하라
더욱 냉소하라

사람은 사회적 동물이다. 자아라는 것은 어느 날 갑자기 하늘에서 떨어지는 게 아니라 그 사회가 만든 최소한의 틀에 의해 형성된다는 것은 이제 누구도 부정할 수 없는 상식이 되었다.

한윤형이 쓴 『키보드 워리어 전투일지』는 이러한 측면에서 현대를 살아가는 20대의 오늘을 가감 없이 보여주는 책이다. '자전적 에세이'라는 것은 보통 '자기 자랑'으로 귀결되게 마련인데 여기서는 그렇지 않다. 오히려 세상에 대한 냉소주의가 느껴진다.

사람은 사회적 동물이니 저자의 이런 태도도 사회적 맥락 안에 있다고 말할 수 있겠는데 도대체 이 냉소주의는 어떤 맥락에서 온 것인가? 그에 대한 답도 책에서 찾을 수 있다. 이 책을 쓰게 된 바로 그 시점이 책에서 설명하는, 자신을 중심으로 한 어떤 '여정'의 끝이라는 게 힌트다.

이 책에서 서술하고 있는 '한윤형'이라는 사회적 존재로서의 자아 형성 과정에는 세 가지 정도 특별한 지점이 발견되는데 그 첫 번째 지점은 저자를 설명할 때에 가장 먼저 언급하게 되는 '조선일보 논술대회 대상 수상 인터뷰 거절 사건'이다.

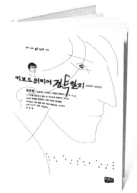

키보드 워리어 전투일지
한윤형 지음, 텍스트, 2009

이 사건에 대한 저자의 설명을 들어보면 남들이 쉽게 생각하지 못할 만한 지점이 눈에 들어온다. 말하자면 그에게 이 사건은 자신이 몰래 키워온, 오프라인과 구별되는 온라인에서의 자아가 공식적으로 세상 질서의 일부가 되는 것을 의미했다는 것이다. 그리고 저자는 거기에서 오는 불안감이 이후에 이어진 사회적 활동의 감정적 측면을 지배했다고 고백한다.

그의 부모 입장에서는 황당하기도 했을 것이다. 단지 다른 아이들과 조금 다른 취미를 가졌을 뿐, 크게 반항하지도 않던 우리 집 아이가 알고 보니 인터넷에서는 꽤 유명한, 어떤 불순한 집단의 핵심 인사였던 것이다. 부모와 자식이 동시에 얼마나 많은 고뇌를 되풀이해야 했을지 알 만하다. 부모 입장에서는 자신들의 통제 밖에서 원하지 않는 방향으로 자식이 훌쩍 커버렸다는 사실을, 자식 입장에서는 이제 더 이상 부모로부터 인정받을 수 없는 처지가 되었다는 사실을 하루아침에 받아들여야 했을 것이니 이 얼마나 슬픈 일이란 말인가.

그런데 이러한 상황 자체를 다시 분석해보면 이렇다. 저자가 안티조선 운동의 일원이 되어야만 했던 것은 자신이 그것을 간절하게 원했다기보다는 당시에 존재하던 사회적 조건들 때문이었다. 그리고 그런 조건들은 1987년 이후 사회의 주류로 발돋움하기 시작한 소위 민주화 세력과 386세대가 함께 만들어낸 것이었다. 즉, '한윤형'이라는 정치적 주체는 이전 세대가 남긴 짐을 짊어지고 탄생했다. 안티조선 시절 그의 필명이었던 '아흐리만'이 이후에 보여준 정치적 행위들 역시 이러한 짐의 무게에서 벗어날 수 없었다.

만일 '선배들'을 잘 따라가는 것으로 우리가 원하는 세상을 만들 수 있다면 부모에게 인정받지 못하는 존재가 되는 설움 따위는 아무런 의미도 없을 것이다. 하지만 문제는 세상이 그렇게 만만하지 않다는 데에 있다. '아흐리만'은 냉소적 시선을 가진 논객이었지만 '동지들'에 대한 신뢰가 없는 인물은 아니었다. 그가 열정을 바친 안티조선 운동이 '정치인 노무현'으로 표상되는 정치세력의 도구로 변질되는 과정에서도 그것 때문에 모두에게서 신뢰를 거두지는 않았다. 그가 모든 것을 냉소하게 된 결정적인 계기는 참여정부 시절 이라크 파병 국면에서 벌어진 '김선일 피살 사건'이었고 이것이 이 책에서 발견할 수 있는 저자의 자아 형성 과정의 두 번째 중요한 지점이다.

이 사건에서 국가는 개인을 헌신짝 버리듯 버렸다. 그리고 대한민국의 어떤 정부기관도 이 참사를 막기 위한 책임 있는 노력을 다하지 못했다. 동시에 대한민국의 어떤 정치세력도 이에 대한 진지한 비판을 하지 않았다는 것이 저자의 주장이다. 국가의 무책임으로 인한 한 개인의 죽음은 '이라크 파병 찬성/반대'라는 정치적 프레임에 가려져버렸다는 것이다. 이라크 파병이라는 정책의 정당성과는 별개로 국가가 개인을 희생시킨 이 사건에 대해 당연히 제출되었어야 할 '대통령 탄핵'이라는 실천적 지침이 그 누구에게서도 제시되지 않았다는 것이다.

이 시점에서 저자는 희망을 버린다. 언제나 올바른 길을 제시해주는, 그냥 따라가기만 하면 되는 '선배'는 없다. '아흐리만'을 탄생하게 한 안티조선 운동의 양대 축인 참여정부 지지자와 진보정당 지지자 모두 세상을 바꿀 수 없다는 점이 드러난 것이다. 즉, 세상을 바꾸는 운동이라는 차원에서 '아흐리만'은 존재 의의를 상실한 것이다.

그리고 세 번째 중요한 지점. 그것은 '군대'다. 군대에서 저자는 '수양'을 했다고 말한다. 무슨 도를 닦았다는 얘기가 아니다. 특정한 입장을 갖고 세상사를 바라보던 눈을 그저 자신과 함께 살아가는 사람들에게로 돌렸다는 의미다. 군대는 정말로 모든 사람을 평등하게 만든다. 지식인과 글쟁이와 명문대 엘리트로 가득한 평상시 삶에서 볼 수 없는 '보통 사람'들이 군대에 있다. 그리고 그는 여기에 이르러서야 드디어 세상의 일부가 되는 체험을 한다.

이제 그는 전 세대가 물려준 운동의 자산과 부채를 부정하지도 긍정하지도 않는다. 자신의 과거에 대해서도 마찬가지다. 그것들은 조건이고 참고사항일 뿐이다. 남은 일은 그가 '아흐리만'이었던 시대를 책임지는 것과 전 세대가 남겨놓은 빚을 청산하는 데 힘을 보태는 것뿐이다.

그의 이러한 성장기는 사회적 활동에 참여했던 20대들이 이미 겪고 있거나 앞으로 겪어야 할 일들이다. 그런 측면에서 이 책은 일종의 '도구적 냉소주의'를 주장하는 것처럼 보인다. 20대를 중심으로 한 세대 담론에서 우리가 가져야 할 태도가 사실은 그것이다. 20대가 전 세대의 지침에 따라 투표를 열심히 하기에 앞서 가장 중요한 것은 자신의 머리로 판단하고, 자신의 입으로 발언하며, 자신의 손으로 투쟁을 만드는 것. 그러기 위해서 20대는 전 세대가 만들어낸 '20대여, 정신 차려라'라는 식의 담론조차 냉소해야만 한다. '한윤형'이라는 자아의 길지 않은 삶의 기록을 통해 얻을 수 있는 깨달음이다.

김민하 『레닌을 사랑한 오타쿠』 저자

김예슬 선언은
무엇을 요구하지 못했나

김예슬은 2010년 3월 10일, 고려대학교 정경대학 후문에 "오늘 나는 대학을 그만둔다, 아니 거부한다"라는 제목의 대자보를 붙였다. 그리고 고려대학교 본관 앞에서 "오늘 나는 대학을 그만둡니다. 진리도 우정도 정의도 없는 죽은 대학이기에"라고 쓰인 손 팻말을 들고 1인 시위를 벌인 뒤 발걸음을 옮겼다. 그 유명한 '김예슬 선언'의 전말이다. 학벌이 곧 재산이고 계급인 사회에서, 그의 용기 있는 선언과 행동은 적지 않은 이들의 이목을 집중시켰다.

'김예슬 선언'은 특히 먼저 대학을 다니고 졸업한 세대로부터 큰 호응을 얻었다. 대학생다운 패기와 양심이 남아 있는 누군가를 드디어 발견했노라는 환호성이 울려 퍼졌고, 김예슬은 얼마간 진보 성향의 매체로부터 집중 조명을 받았다. 젊은이들이 사회의 변화를 위해 무언가를 해주었으면 했던 기성세대에게, 김예슬은 대학을 그만둠으로써 젊은이다운 모습을 보여줬다고 할 수 있다.

한편 김예슬과 동시대에 대학을 다니는 학생들의 반응은 그리 뜨겁지 않았다. 물론 그들도 김예슬의 용기에 감탄하고 놀라움을 금치 못했지만, 사회학자 엄기호가『이것은 왜 청춘이 아니란 말인가』에서 생생하게 지적한 바와 같이, 그러한 형태의 희생은 애초에 학벌을 가지고 있었기 때문에 가능한 것 아니냐는 시각이다.

'김예슬 선언'을 둘러싼 논쟁은 바로 이 '학벌'이라는 프레임 속에서 진행되었다. 명문대와 비명문대라는 중요한 차이를 덮어두는 것은 아닌가, 과연 그가 모든 20대 대학생들의 목소리를 대변한다고 할 수 있는가 등등. 뒤이어 대학을 그만두는 것이 대체 실천적으로 무슨 의미가 있느냐는 비판도 이어졌다.

김예슬의 대학 거부 행위는 상징적으로 큰 의미를 지닌다. 그는 한국 사회에서 운영되는 실질적 카스트 제도가 내미는 당근을 단호히 거절했다. 거절하기 힘든 제안을 거절한 것이다. 즉, 21세기에 한국 대학생이 대학에 감히 저항하는 일이 가능하다는 것을 보여주었다. 김예슬은, 본인이 선언문에 기술한 것처럼, 그가 대학을 떠난다고 해도 이 공고한 체계가 무너지지 않는다는 것을 잘 알고 있었지만 적어도 대학이라는 기득

김예슬 선언
김예슬 지음, 느린걸음, 2010

권에 '작은 균열'을 내는 일이 가능하다는 것은 실천적으로 입증한 셈이다.

하지만 김예슬의 실천이 무색하게도, 그 균열이 더 큰 파장을 불러오기까지는 꽤 시간이 걸렸다. '김예슬 선언'으로부터 1년이 더 지난 2011년 5월에서야 대학생들은 반값 등록금 투쟁으로 자발적인 저항의 목소리를 내기 시작했다. 대학의 모순은 그때나 지금이나 그대로인데, 작은 균열이 큰 균열로 벌어지기까지 왜 1년이라는 시간이 걸린 것일까?

『김예슬 선언』에서 우리는 그 해답의 실마리를 찾을 수 있다. 이 책은 김예슬이 '김예슬 선언' 대자보에 못다 한 이야기를 덧붙여 만든, 일종의 정치적 팸플릿이다. 두껍지는 않지만 결코 적다고는 할 수 없는 내용을 담은 이 소책자에 김예슬 씨는 자신의 이야기, 이 사회와 대학에 대해 지니고 있던 생각들, 본인이 꿈꾸는 이상적인 대학의 모습에 이르기까지 모든 생각을 쏟아붓고 표현해낸다. 이른바 비평준화 명문고를 거쳐 고려대학교에 입학하고 그 대학을 거부하기까지의 삶이 담겨 있고, 인문'학'이 아니라 인문'삶'이 필요하다는 주장도 실려 있다.

김예슬은 유사한 기표를 지니지만 상이한 기의를 지니는 두 단어를 병치해 사용하는 수사법을 즐겨 쓴다. "G세대로 '빛나거나' 88만 원 세대로 '빛내거나'" "쓸모 있는 상품으로 '간택'되지 않고 쓸모없는 인간의 길을 '선택'하기 위해" "가슴 뛰지 않는다고 가슴 치지 말자" 등. 그는 웅변적 효과를 만들어내는 법을 잘 아는 영리한 사람이다. 그럼에도 불구하고 『김예슬 선언』은 부정적인 의미에서 '선언적 효과'만을 누리고 말았는데, 그것은 역설적이게도 김예슬이 지나치게 영리한 사람이기 때문이다.

그는 자신이 대학이라는 거대한 체계 안에서 할 수 있는 행동이 오직 '자발적 거부'뿐이라는 사실을 잘 알고 있었다. 그래서 선언을 했고, 뛰쳐나왔다. 그것은 합리적인 행동이었다. 대학은 그에게 졸업장 말고 줄 수 있는 게 없으므로, 그것을 포기하는 순간 관계는 깨지고 서로 돌아서면 그만인 것이다. 하지만 역사적으로 의미 있는, 혹은 실천적으로 큰 파장을 낳는 '선언'들의 경우 그와는 정반대였다. 전태일은 국가를 향해 "근로기준법을 준수하라"고 외쳤고, 지금 대학생들은 "반값 등록금 공약을 실천하라"며 촛불을 든다.

전태일의 선언은 '선언'에만 그치지 않았다. 그것은 아주 구체적이고 실질적인 '요구' 행위였다. 나에게 근로기준법에 보장된 휴식을 달라. 그러나 국가는 그에게 마땅한 권리를 주지 않았고, 그는 스스로 몸을 불사르며 선언할 수밖에 없었다. 반면 김예슬은 대학을 향해 그 무엇도 요구하지 않았다, 다만 졸업장을 포기했을 뿐. 세상은 놀랐지만 곧 가슴을 달래고 일상으로 돌아갔다. 김예슬 본인의 생각과는 달리, 그가 졸업장을 포기한 순간 세상과 그 사이에는 실질적인 갈등이 발생할 여지가 없었다.

2011년 촛불을 든 대학생들의 꿈은 매우 소박하고도 개인적이다. 그저 등록금을 반값만 내고 싶다는 것이다. 반면 『김예슬 선언』에서 확인할 수 있는 김예슬의 최종 꿈은 일반적인 상상력의 범위를 넘어선다. 그는 입학시험도 자격증도 졸업증도 없는 "삶의 대학"을 세우는 꿈을 가지고 있다. 많은 이들이 김예슬의 큰 꿈보다는 보통 대학생들의 소박하고 이기적인 꿈에 더 공감하며 동참하고 나선다.

전혀 놀라운 일이 아니다. 2010년에도 2011년에도 대학생들이 바라는 것은 세련된 웅변체로 서술한 누군가의 잘 다듬어진 선언문이 아니라, 앞뒤 안 가리고 당장 필요한 것을 요구하는 거친 목소리다. 그것이 거리 위에 울려 퍼지기 시작한 지금, 『김예슬 선언』을 읽는 것은 어딘가 안타까운 일처럼 느껴진다.

최수태 자유기고가

'강남소녀'의 자기 역사 쓰기
: 다른 세대의 증언을 읽다

『은근 리얼 버라이어티 강남소녀』는 강남의 루저로서 유년기, 서비스
업종 알바기를 쓴 노동일기, 희망청에서 경험했던 사회 적응기 그리
고 출판계에 뛰어들며 자신이 원하던 문화자본에 접근하게 되는 시
간상의 배열을 취하고 있다. 일단 고백할 것은 나는 김류미가 스스로
성장기라고 부른 '자기 역사 쓰기'와 쉽게 공감empathy할 조건에 있
지는 않다. 일단 나는 강남에서 거주하거나 일상을 영위한 체험이 없
고 '노동 일기'라고 부를 만한 알바를 해본 기억도 대학과 대학원 시
절 서점 알바와 논술 알바 정도를 빼고는 거의 없다. 오히려 저자인
김류미의 입장에서 볼 때 나는 '문화자본을 휘두르는 자'로 비추어질
가능성도 있다.

하지만 나와 김류미가 공유하는 체험이 없지는 않다. 18년 정도 신촌에서 대학, 대학원, 시간강사 생활을 하며 나는 신촌 대학문화를 공유하며 살아왔다. 나도 김류미와 비슷하게 ― 물론 나와 김류미의 성性이 다르기에 구체적인 감각은 다를지라도 ― 깊은 밤, 술자리를 끝내고 집에 가는 길에 아현동 웨딩드레스 타운 주변 밤에만 빨간 불이 켜지는 가게들에 대한 궁금증을 늘 지니고 있었다. 또 혼자만의 갈무리를 위한 술자리는 아니었지만, 나도 신촌 한 구석의 술집 '서른 즈음에'를 신촌을 떠날 때까진 즐겨 찾았다. 비록 10여년의 '시간적 차이'는 존재하지만 변화하는 시공간 속에서 두 사람을 이어주는 체험들은 존재한다.

이 책은 사람의 마음을 움직이는 것은 글이라는 평소 필자의 생각, 스스로 노출증 혹은 존재감을 확인하는 쾌감이라고 여겨온 블로그 글쓰기 그리고 '언젠가 내 세대를 위한 출판을 하리라는 결의'를 보여주는 첫 출발이라고 생각한다. 나는 김류미의 『은근 리얼 버라이어티 강남 소녀』에 대해 논평을 하기보다, 이 책을 읽으며 다른 세대로서 '공유해야할' 지점에 대해 생각의 편린들을 적어보고자 한다.

'88만원 세대'론이 등장한 뒤 청년실업, 20대의 사회적 고통에 대한 담론은 넘쳐난다. 일각에서는 그들에게 짱돌을 들고, 바리케이드를 치라고 조언하기도

은근 리얼 버라이어티 강남소녀
김류미 지음, 텍스트, 2011

한다. 나는 88만원 세대라는 규정이 노동시장, 사회적 차별, 빈곤 등 여러 사회경제적 차원에서 '공유하는 사회적 체험의 일부'를 표현한다고 본다. 그리고 이들의 공유된 체험은 386세대 등 이전 세대와 구분되는 가치 지향을 드러낸다. 이 책에서 '가장 사소한 일부터 배우고 해나가야 한다는 원칙'이나 '당사자 운동'에 기초해 사회적 기업이나 희망청 등 대안을 만드는 과정이 그렇다.

다만 폭증하는 88만원 세대론은 자칫 잘못하면 이들의 체험에 대한 동정이나 연민으로 그치거나, '계몽의 시선'으로 귀결될 수 있다. 대표적인 것이 이들을 개인주의나 이기주의로 간주하는 '20대개새끼론'이나 외부자와 개입자의 시선에서 이들을 계몽하려는 시선이다. 1980년대의 세례를 받은 집단은 스스로가 운동의 당사자가 아닌, 민중의 대리인으로서 '민중지향적 공동체'를 지향했다. 이들은 '예비노동자론' 등 대학생의 사회경제적 지위 분석이나 의식의 외부 도입설을 통해서 아직 의식적으로 덜 깬 학생 대중(당시 용어로 '생매스')을 깨우고자 했다. 하지만 정작 자신들의 존재 기반에 대한 치열한 고민과 분석, 대안은 주기적으로 반복되던 '학원자주화'란 단어 이외에 가시적이지 못했다. 다시 말해서 그들은 대중과 '공감'하기 전에 '계몽'하고 싶어했다. 이것이 이 책에서 소개되는 88만원 세대의 당사자운동과 큰 차이다. 서툴고 아직 '어른'들이 개입해야 판이 꾸려지지만 이들은 자신들의 언어와 고민을 통해 운동을 이끌어가고자 한다.

하지만 중요한 것은 두 시대 사이의 차이보다는, 차이를 인정하면서 공감하고 연대할 수 있는 방법을 찾는 것이 아닐까? 대학생들이

농성하는 불안정 노동자들과 심정적이나 실질적으로 연대하려 하지 않는다고 비난할 필요는 없다. 연대를 호소하기 전에, 그들과 우리가 다른 처지인 것 같지만 자신의 감성을 개입시켜 그들의 고통을 내 것으로 여기려는 '고통의 연대'가 왜 필요한지, 공감할 수 있도록 하는 '긴 시간'이 더 필요하다. '당위로서 연대'는 80년대 노학연대처럼 어느 순간 날아가 버릴 수도 있다. 새로운 형태의 연대는 '너희는 불쌍한 청춘이야'라고 낙인찍음이 아닌, 왜 대학의 문제가 사회의 문제이기도 하며, 비록 김진숙의 고공농성이 자신의 문제는 아니지만 함께 슬퍼할 수 있고 내 문제가 될 수도 있음을 성찰할 수 있는 존재와 경계를 넘나드는 '앎'을 고민하는 것이어야 한다. 다시 강조하지만 88만원 세대에게 짱돌을 던지라고 선동하는 것만큼이나 그들을 '가련한 청년'이란 희생양으로 일반화하는 것은 문제 해결에 별로 도움이 되지 않을 것이다.

한편 이 책에서 노동일기를 통해 드러내듯이, 노동빈민이 갈수록 증가하지만, 빈곤에 대한 시각은 앞선 부모 세대의 시선으로부터 자유롭지 못하다. 이 책의 표현을 빌자면 '열심히 살지 않았기 때문'이란 것이다. 하지만 이것은 88만원 세대뿐만 아니라, 개발주의-발전주의에 앞장선 나의 부모들이 말했던 주술이기도 하다. 1980년대 세대는 아버지 세대와 단절하고 새로운 공동체를 만들고자 했지만, 결국 실패했다. 88만원 세대도 일류 학교, 스펙 그리고 졸업 후 안정된 직장과 가족 등 박정희 시절 강조되던 '아버지 세대의 가치와 세계관'이 여전히 지배적이다. 아버지를 정치공동체에서 추방하고자 했던 1980년대 세대와 달리 88만원 세대는 어떤 선택을 할까? 여전히 남겨진 숙

제다.

끝으로 『은근 리얼 버라이어티 강남소녀』는 사적 기억이자 기록이지만 그 자체로 정치적이며 자기성찰적 서사를 지니고 있다. 추측건대 필자가 자신을 강남의 루저, 문화자본의 결핍으로 인한 열등감과 콤플렉스, 강남거지 그리고 남들의 시선을 지나치게 의식하는 콤플렉스를 지녔음을 고백할 수 있는 힘은 자신의 질박한 삶의 체험과 그가 애타게 희구하는 것을 서사화하는 힘에서 나오는 것이 아닐까? 저자는 사람들의 이야기에 관심을 가지고 주체적으로 콘텐츠를 소비하는 '문화인류학'을 해방과 같은 학문이라고 생각하지만 동시에 취재나 인터뷰를 통해 느끼는 부끄러움으로 말미암아 자신의 객관적·사회적 위치를 확인하기도 한다고 말했다. 인류학이건 다른 이름으로 불리건 자신이 속한 집단과 집단 내 개인 간의 차이에 민감하지만 그럼에도 차마 언어로 그것을 말할 수 없는 사람들과도 공감하려는 노력, 즉 세상에는 외침보다 침묵이 더 많음을 저자는 이미 알고 있는지도 모른다. 저자가 동대문 옷가게에서 어울리며, "내가 대학생이었다는 것을 잊기에는 너무 치열한 시간들"이라고 표현한 구절을 절대 잊지 말길 바란다. 저자는 스스로를 '강남 루저'라고 부르지만 자신을 루저라고 말할 수 없는 사람들이 더 많기에 그렇다. 저자가 스스로를 자리에 앉아서 일을 짜기보다 사람들과 가치를 나누며 스스로를 북돋는 성향이라고 밝혔듯이, 공감의 가치를 책을 통해 더 오래 나눌 수 있길 기원한다.

김원 한국학중앙연구원 한국학대학원 사회과학부

20대에게 '열린 사회'를

서울 청계광장 인근에선 대학생들이 '반값 등록금' 실현을 요구하는 촛불집회가 2주째 계속되고 있었다. 직장생활 4년차인 친구는 한참 회사생활의 힘든 점을 토로하다가 "그래도 난 대학생으로는 돌아가기 싫다. 요즘 같은 때 대학 다니면 등록금도 그렇고 취업준비는 또 얼마나 힘들겠어"라고 말했다. 대학생이던 시절에서 불과 몇 년 멀어졌을 뿐인데도 그 시절에 대한 거리감이 그랬다.

『규칙도, 두려움도 없이』를 읽고 프리랜스 현직 기자인 저자는 어떻게 20대에 대해 이렇게나 골몰했을까 싶은 마음이 먼저 들었다. 20대 스스로 제 세대에 대해서 고민하지 않고, 기성세대가 만든 편견과 틀에 그대로 종속되기 십상이기 때문이다. 그게 지금 20대의 아쉬움이라면 아쉬움이지만 '잘못'은 아니라고 저자는 말하고 있다. 다만 '잘 몰랐을 뿐'이니 저자가 경험한 것에 비춰 후배들은 미리 그것을 알고 있으라는 따뜻한 조언이 담겼다. 그리고 그 조언은 '냉철'하다.

'생존' 문제를 고민하는 게 지금 20대다. 대학생이든, 그렇지 않든. 경쟁의 울타리 속에서 자라났고 흔히 '21세기 주역'이라는 칭호를 붙들고 학창시절을 보냈다. 그래서 "요즘 젊은 애들은 이기적이다"라는 명제를 어느 정도 감수하고 산다. 등록금 문제를 취재하다 접한 한 대학생은 자신을 "나는 알바생이다"라고 정의했다. MBC의 방송 프로그램 〈나는 가수다〉에 빗대 자기 정체성을 규정한 것인데, '알바생'을 폄훼하거나 비하하는 것은 아니지만 이 20대의 자기규정은 자못 슬프기까지 하다.

대학에 들어가는 것과 동시에 20대가 시작된다. 물론 대학에 가지 못할 경우 '낙오자'로 전락하게 되는 것이 무엇보다 이 사회의 잔혹함이다. 대학에 간다고 '낭만'을 만끽할 여유도 없다. 2011년 6월 20일, '청년 세대를 위해 복지국가는 무엇을 할 수 있을까'란 주제로 열린 토론회에 참석한 한 대학생은 "등록금 집회에 가서 느낀 것은 우리가 '두려움의 세대'라는 것이다. 사교육 열심히 받고 대학에 왔더니 교환학생도 갔다 와야 하고 토익·텝스·토플 다 하고 나니 봉사활동·인턴활동 안 하고 뭐

규칙도, 두려움도 없이
이여영 지음, 에디션더블유, 2009

하냐고 한다"고 토로했다. 서울대를 나온 저자가 면접에서만 100번 이상 떨어졌다고 고백한 것처럼 '직장 사회'로의 진입 자체가 호락호락 하지 않다.

취업을 하고 나서도 사회는 20대에게 많은 것을 강요한다. 『규칙도, 두려움도 없이』는 사회생활을 갓 시작한 20대 여성들에게 주는 메시지가 솔직하게 담겼다. 그래서 취업 이전의 20대에겐 다소 먼 얘기일 수도 있겠다. 하지만 20대로서 '원칙'을 마련해가는 데 도움이 되는 '지혜'가 있다. 예를 들어, 저자는 회사생활을 하면서 이루고자 하는 것에 대해 "(상사에게) 위험한 임무에 대한 명분을 만들어주라" "회사의 공익은 이익이 된다. 내 의도가 얼마나 순수한 것인지를 설명하지 말고 회사에 얼마나 도움이 되는가를 구체적으로 제시"(93쪽)하라고 말한다. 사회적 문제에 직면했을 때도 그렇게 대처해야 할 때가 있다. 다만 여기서 '회사의 이익'이 자신의 '순수한 의도'와 얼마나 부합하는지는 따져봐야 할 테지만 말이다.

다시, 취업을 했든 그 이전이든 '20대 전반'에게 주는 이 책의 가장 중요한 메시지는 "현실을 바로 보라"는 점이다. "20대 여성의 정치관은 완벽하지 않다. 대부분은 분명히 정리돼 있지도 않다. 그러나 정치관을 확정해가는 상황에서 무엇보다 중요한 사실이 하나 있다. 기성세대의 그것을 무작정 따르거나, 그것에 늘 끌려다닐 필요는 없다는 것이다. 아니, 그래서는 안 된다. 차라리 자신의 마음속 깊은 욕망에서 출발하는 것이 낫다"(328쪽)는 저자의 조언에 주목해보자.

직장에서는 '부장'직이 될 만한 기성세대, 가정에서는 부모 세대, 더 나아가 20대보다 더 오래된 세대들과 부딪혔을 때 당당하게 말해야 한다는 것이다. 최근 20대들은 거리로 나와 제 목소리를 내고 있다. 반값 등록금 촛불집회를 비롯해 홍익대와 이화여대 학생들이 청소노동자들과 연대한 것도 그렇다. 이는 "더 이상 참을 수 없다"다. 또 "함께하자"는 것이다. 서강대 사회학과 오찬호 강사는 계간 〈기억과 전망〉 여름호에 실린 「대학생들의 자기계발과 사회적 이슈에 대한 반응」이란 논문에서 "대학생들이 사건에 대한 가치판단의 기준으로서 스스로 정의하는 민주주의란 '내가 지금 고생하고 있는 현실'을 중요한 근거로 삼고 있으며 일련의 자기계발 과정"이라고 밝혔다. 이는 각 개인마다 사회적 이슈에 대처하는 방식이 달라진다는 것을 의미한다. 그래서 사회적 참여에 소극적인 20대도 많다는 것이다. 그것은 이 책의 저자가 말한 대로 'N세대'로서 갖는 특징이기도 하다. "민주화 이후의 자유를 마음껏 누린 반면 외환위기로 인한 경제적 충격을 겪어야만 했다"(236쪽)는 것이다.

1980~1990년대까지 대학을 다닌 세대는 지금 20대들이 너무 무기력하다고 하고, 자신들처럼 왜 거리로 나오지 않느냐고 질타하기까지 한다. 그러나 20대가 교육제도나 경제시스템으로나 경쟁에 내몰리게끔, 그런 사회에 살게끔 해놓은 기성세대에게도 책임이 있다.

저자가 "사방이 적이자 경쟁자인 사회에서, 온갖 실수와 시행착오가 가득한 사교의 세계에서 약점을 보여서는 안 된다. 그 순간 우리는 모든 사람들의 먹잇감으로 전락하고 만다"(10쪽)라고 말한 부분에 대해서는 조금 더 생각해볼 필요가 있다. 경쟁사회에 대비할 필요는 있다손 치더라도, 또한 저자도 추후에 밝혔지만 "우리 주변의 모든 이가 적은 아니다."(120쪽) 이 경쟁체제가 과연 지속될 수 있는지,

그 자체에 문제가 없는지를 고민하고 구조적인 문제가 있다면 그것을 당당히 말하는 20대, 타인의 고통에 공감하고 연대할 줄 아는 20대에게서 희망을 보기 때문이다.

이 책을 읽는 20대라면 "동시대를 살아가는 사람들은 과연 무슨 생각을 할까? 지금 일어나는 일들은 역사적으로, 그리고 사회적으로 어떤 의미가 있을까?"(228쪽)란 질문을 곱씹어볼 만하다. 저자는 2008년 광화문 촛불집회에서 몸소 처절하게 느꼈다. 정말로 '잘 먹고 잘 사는 20대'가 되기 위해서는 사회적 현실을 고민해야 한다는 것을. 저자가 기자로서 소속 언론사의 편집 방향에 종속되지 않고 진실에 접근하고자 했던 것, 그리고 그것을 행동에 옮긴 것은 '대단한 용기'처럼 보인다. 그가 '낡은 것들과의 결별'에 충실한 '20대'라서 가능했을 일이다. 그렇게 20대에게 자아와 세상에 대해 고민하는 기회를 주는 사회, 즉 '열린 사회'를 꿈꾸고 이뤄가는 건 바로 지금 우리 모두의 몫이기도 하다.

김향미 〈경향신문〉 사회부 기자·20대 후반의 여성

20대,
당신을 응원한다

'죽은 어른들의 사회'에 부치는
계몽의 전언

몇 해 전부터 '키덜트kidult'라는 신조어가 대중매체에 심심치 않게 등장하고 있다. 아이kid와 어른adult이 조합된 키덜트는 흔히 정서적으로 어른이 되지 못한 채 아이와 같은 취향이나 기호에 탐닉하는 어른을 가리키는 말쯤으로 이해되곤 한다. 하지만 나는 '다 큰 어른'들을 대상으로 직업교육 현장에서 10년 가까이 수많은 젊은이들의 진로지도를 해왔던 경험에 근거하여, 그것이 단지 정서나 취향 또는 기호, 나아가 소비성향에 국한해 이야기할 수만은 없는 문제라 여긴다. 교육 수준으로만 보자면 '배울 만큼 배운' 이들이 대다수임에도 불구하고, 지적으로나 윤리적으로나 독립적인 판단에 따라 행동하고 그 결과에 책임을 지는 주체로서의 '어른'을 마주치기가 점점 더 어려워지는 것이다. 게다가 그러한 현상 자체보다 더 절망적인 일은, 단지 '어른스러움'에 대해 강의를 할 뿐인데도 분위기가 눈에 띄게 무거워지면서 어느 수강생의 표현을 빌자면 '도 닦는 분위기'가 되기 일쑤라는 점이다. 요컨대 받아들이는 처지에서만 보자면 '어른이 된다는 것'이 마치 '보통 사람으로서는 좀체 도달하기 어려운 대단히 훌륭한 인격자의 경지'라도 되는 양 여기더라는 것이다.

『건투를 빈다』의 저자 김어준에 따르면, 이것은 당연하다. "아이가 어른이 되는 과정에서 가장 먼저 배워야 할 건 자신의 삶을 어떻게 상대할 것인가, 그 기본 태도에 관한 입장이어야 한다. 우린 그런 거 안 배운다." 이것은 비단 공교육의 부실만을 두고 하는 말이 아닐 게다. 근대적 교육제도가 성립된 이래 적어도 '아이가 어른으로 성장하는 데 필요한 과정을 적절한 방법으로 제공'한다는 측면에서 공교육이 부실하지 않은 적은 없었다. 그러니 유독 이즈음에야 '키덜트'가 새삼스러운 이야깃거리가 될 까닭은 못 된다. 다만 적어도 우리 사회에 신자유주의가 강요하는 무한 경쟁이 전면화되기 이전까지는, 학교에서 배우지 않아도 누가 따로 가르치지 않아도, 그저 주변 '어른'들과 접촉하면서 일종의 문화적 습득으로서 스스로 깨쳤을 것이다. 따라서 "우린 그런 거 안 배운다. 대신 성공은 곧 돈이라는 거, 돈 없으면 무시당한다는 거, 그 경쟁에서의 낙오는 인생 실패를 의미한다는 거, 그렇게 경제논리

건투를 빈다
김어준 지음, 푸른숲, 2008

로 일관된 협박과 회유로 훈육된다"라는 저자의 지적은, 우리 사회의 아이들이 성장기에 접촉하는 대다수의 '어른'들이 그러한 문화적 압력을 행사한다는 의미로 해석해야 한다. 그리고 그것은 준엄하게도 그 '어른'들 또한 제대로 된 '어른'이 아닌 '키덜트'에 지나지 않는다는 처연한 사실을 웅변한다. '키덜트'는 하늘에서 떨어진 별종의 돌연변이가 아니라 오로지 '어른'이 사라진 '키덜트' 사회의 자연스러운 산물이다.

물론 '압축적 근대화'를 겪은 우리 사회에서 '성공은 곧 돈'이라고 대부분의 '어른'들이 입을 모아 가르치지 않은 적도 없었다. 하물며 '돈 없으면 무시당한다'는 건 논리 이전에 경험 속에서 사무치게 각인되는 것이 보통 사람들의 삶이었다. 60년 전에도, 40년 전에도, 20년 전에도, 어차피 '자신의 삶을 어떻게 상대할 것인가'라는 진지한 질문이 소수의 몫이었음에는 틀림없다. 하지만 불과 10여 년 전으로만 거슬러 올라가도, 그것은 많은 사람들에게 '한번쯤 귀기울일 가치는 있는' 것으로 여겨졌다. 즉 근대적 자의식(김어준 식으로 표현하면, '자기객관화')이 내면화되지 못한 '키덜트'일망정 대다수의 사회 구성원들은 '어른'으로 성장하려는 노력을 포기하지 않았다.

예나 이제나 '성적으로 줄 세우는' 공교육 현장에서도 "학교에서 우등생이 사회에서 우등생은 아니다"라는 말을 심심치 않게 들을 수 있었고, 그것은 얼마간 사실이기도 했다. 더러 '어른스럽지 못한' 모습을 들켜버린 민망함을 "나는 '바담 풍' 해도 너는 '바람 풍' 하라"고 짐짓 달래던 어른도 적지 않았다. 실상은 너나 할 것 없이 어른스럽지 못한 '키덜트'임에도 불구하고, 허위의식일망정 '어른'으로서의 품위는 잃지 않으려 했다. 특히나 후속 세대에게 '어른 대접'을 받기 위해서라도 '어른스러워' 보이고 싶어했다.

　김어준이 지적하듯 "해결방법에 대한 사전지식이 전무한, 난생 처음 겪는 심각한 상황에 봉착하게 되면, 그때부터는 각자 타고난 본연의 문제해결능력이 그 바닥을 드러내게 된다." 저자는 이것을 개인의 경우에 한정해 말했지만, 내 생각엔 사회도 마찬가지다. 예컨대 직업의 '귀천'을 막론하고 가장 왕성한 경제 활동을 펼치며 사회의 중추를 담당했던 40대까지도 졸지에 '사오정'의 불안에 직면하면서, 우리 사회는 앙상한 내면을 고스란히 드러내게 된다. 자신의 '어른스럽지 못한' 모습에 대한 최소한의 부끄러움도 사라졌고, 어른으로 성장하려는 노력은 비웃음거리가 되었으며, 심지어 식자 든 자들까지 나서서 그것을 시대착오적인 '계몽의 폭력'이라 매도하기 바빴다. 그리하여 이 사회는 늙은 '키덜트'들이 젊은 '키덜트'들에게 도무지 '어른스럽지 못한' 생떼나 쓰는 것을 '어른(부모, 선생, 선배) 노릇'이라고 착각하는 '죽은 어른들의 사회'로 치닫고 말았다.

　이 징후를 가장 잘 드러내는 것은 이즈음의 드라마 트렌드다. 우선 〈베토벤 바이러스〉나 〈파스타〉처럼 '멘토십'을 소재로 하는 성장 드라마가 젊은 시청자들의 눈길을 사로잡는 것은, 자신을 '어른들의 세계'로 이끌어줄 역할 모델에 대한 갈증을 반영한다. 이와 함께 지적해야 할 것은 가족 드라마의 세대 간 갈등 구조다. 불과 몇 년 전만 해도 부모 세대는 자식 세대에게 "네가 어려서 아직 세상물정을 잘 모른다"는 '보수적/현실주의적' 가치관을 시위하며 입 발린 소리일망정 "다 네 행복을 위해서"라고 타일렀다. 물론 자식 세대는 부모 세대와는 다른 '대안적' 가치관을 내세워 "내가 행복하기를 바란다면 내 뜻대로 살게 해달라"고 맞섰다. 이것은 "진정한 행복이란 무엇인가"를 둘러싼 가치관 갈등, 이념 갈등을 표상한다. 그러나 최근 몇 년 사이에 이 갈등은 사뭇 다른 양상으로 전개된다. 부모 세대는 노골적으로 "이만큼 키운 게 누군데 너만 행복하면 다냐"고 떼를 쓰고, 자식 세대는 또 그들대로 마치 갖고 싶은 장난감 사달라는 듯이 떼를 쓰는 식의 갈등이 대세다. 이것은 그 드라마의 시청자들이 무의식 속에서나마 스스로를 포함해 도통 '어른'이라고는 눈을 씻고도 찾을 수 없는 일상을 현실로 받아들이고 있으리라는 방증이다.

고백하자면, 나는 "정면돌파 인생 매뉴얼"이라는 부제만을 보고 그저 제 앞가림이 벅찬 사회초년생들에게 일상의 소소한 고민거리를 상담해주는 내용으로 알고 이 책을 읽기 시작했다. 하지만 몇 페이지를 채 넘기기도 전에, 나는 이 책이 '도 닦는 분위기'가 되기 일쑤인 내 강의의 핵심과 전혀 다르지 않은 '이 땅에선 아무도 가르쳐주지 않고 어디에서도 따로 배울 길 없는' 어른이 되는 길을 알려주는 매우 유용한 '교과서'라는 것을 알아차릴 수 있었다. 내 강의를 수강하는 학생들에게 '강제로'라도 읽혀야겠다는 생각이 책을 읽는 내내 머릿속을 떠나지 않을 만큼 반가웠다. 아이러니하게도 전혀 '계몽적'으로 보이지 않는 (저자의 표현을 빌자면) "불친절한" 말투를 구사하고 있는 이 책의 내용은 그 자체로 매우 '계몽'적이다. 이 책이 설파하는 '어른스러움'의 정체란 기실 '계몽된 자의식' 바로 그것이다.

그리고 책을 다 읽은 다음에는 생각이 조금 달라졌다. 김어준이라는 우리 사회에서 보기 드문 '근대인'이 철저하게 '근대정신'에 기반하여 다름 아닌 '독립적으로 판단하고 행위하고 책임지는 주체'가 바로 '어른'이라고 말할 때, 정작 이 책이 꼭 필요한 사람들은 이제 막 '어른의 세계'에 진입하는 10대 후반~30대 초반의 젊은이들만이 아니다. 그들에게 어른 구실을 전혀 못하고 있는 40~50대 기성세대들에게야말로 훨씬 더 이 책이 필요하다. 물론 "제발 젊은이들의 고민에 귀를 기울이라"는 의미에서가 아니다. 굳이 말하자면 "너나 잘하세요!"다. 사회의 중추를 담당하는 세대에서 '어른'으로 성장하려는 노력이 복원된다면, 그래서 후속 세대들도 일상에서 최소한 '어른'은 못되더라도 '어른'이 되려고 애쓰는 사람들을 쉽사리 접촉할 수 있다면, "정면돌파 인생 매뉴얼" 따위를 따로 구해서 읽을 필요도 사라질 것이다.

변정수 출판컨설턴트·미디어평론가. 『그들만의 상식』(2005), 『편집에 정답은 없다』(2009) 등의 저서가 있다.

당신에게
통각痛覺의 발달을 권함

오늘도 목사님은 하나님을 경외함으로써 받을 수 있는 은혜를 이야기한다. 설교가 끝나면 처음 본 사람들끼리 어색한 분위기를 감추고 예배 전 적어놓은 중보기도仲保祈禱 카드를 교환한다. 기도 내용은 늘 '~되고 싶다'라고 적혀 있다. '~되기가 두렵다'라는 내용은 찾아보기 힘들다. 사람들은 굳이 조언자의 입을 빌리지 않아도 '두려움'을 드러낸다는 것이 밑지는 장사임을 안다. 세상으로부터 위안을 얻으려는 사람들이 모인 교회에서도 이럴진대, 교회 밖 세상은 어떨까.

두려움보다는 두려움을 극복한 잘 짜여진 시나리오 같은 경험담을 자기소개서에 써야 하는 게 우리네 삶이다. 누군가에게 두려움을 이야기할 때 행여 듣는 친구가 날 보고 구질구질하다고 생각할까 걱정하며 속내를 꺼내는 것이 우리네 삶이다. 그래서 어색한 분위기가 만들어지면 괜한 잡담과 뒷담화로 정작 하고 싶은 이야기를 감추어 버린다. 조금씩 꺼낸 두려움은 이미 깔끔하게 정련한 상태다.

(이것마저도 진부한 관점이 되어가지만, 그래서 더 슬픈) 청춘은 위로에 지쳤다. 힘내라는 말에 지쳤다. 그냥 내 이야기 누구 하나 진득하게 들어줬으면 좋겠다. 누군가 지금 말하는 두려움을 그대로 따라 말하고, 성의 있는 질문 하나 되돌려줬으면 좋겠다. '행복학의 배신', '긍정의 배신'에 눈을 부릅뜬 사람이 생기는 까닭은 무엇이겠는가. 당신의 불행과 두려움을 '안다고' 말하는 사람은 당신이 무슨 말을 하든 이미 할 말을 정해놓고, 그 말 가운데 한 가지를 제비 뽑듯 꺼낼 뿐이다. 그들에게 청춘은 삶의 '유형'이기 때문이다. 그러나 당신의 불행과 두려움을 '느끼겠다고' 말하는 사람은 자기 고개가 성한지 살피기라도 하듯 열심히 끄덕이고 또 끄덕인다. 그러다 보면 숨겨진 감정의 언어가 새어 나오고 당황할 준비, 함께 슬퍼할 준비를 할 수 있으니까. 청춘은 개념이기에 앞서 '현실'이다. 바로 그런 점에서 『그래도 언니는 간다』는 청춘의 현실에 있는 그대로 밀착하는 열의가 보이는 책 가운데 하나다.

그래도 언니는 간다
김현진 지음, 개마고원, 2009

'청춘의 사회학'과 '청춘의 심리학'이 넘치는 요즘이다. 한켠에는 분노하는 것도 깔끔하게, 저항하는 것도 매끈한 논문의 결론처럼 매번 '무엇과 무엇의 긴장감을 잘 살펴야 한다' '성찰을 필요로 한다'

같은 문구들로 넘실댄다. 자동 반사처럼 나오는 구조 타령, 긴장감 타령, 성찰 타령을 보면 적어도 사회과학의 위기라는 말은 다 허풍인 것 같다. 요즘만큼 일상 속에서 사회학자의 언변을 타고난 사람들이 많이 등장한 시기가 있었는지. 〈옥희의 영화〉 버전으로 말하자면 "아, 요즘 뭐 전 국민이 사회학자야"의 시대인 것이다. 그래서 학자들은 실존 위기를 느끼고 청춘을 조사하기에만 바쁘다. 청춘을 부지런하게 논문에 담는다. 청춘은 '이론적 배경'에 한 번 죽고, 진부한 '맺음말'에 두 번 죽는다. "아, 그 주제 재미있겠네"라며 교수와 대학원생들이 운을 띄우는 연구 소재로 전락한 청춘. 그것을 모아 책으로 매조진 사람들이 내놓는 말이란 결국 대학의 몰락이니, 토익만 판다느니, 취업 문제에 매달린다느니, 소비에 집착한다느니 하는 말에서 더 나아간 것이 없다. 이런 고루한 지적 속에서 청춘은 왜 이리 늙었느냐고, 마음이 삭았다고 타박당한다.

어쩌면 『그래도 언니는 간다』는 '청춘의 실상'보다 더 많은 비율을 차지하는 듯한 '청춘에 대한 조언' 한켠에 속한 책일지도 모른다. 그러나 이 책이 조금 다른 점은 청춘을 함부로 이야기하지 않으려는 겸손함이다. 진부한 위로로 청춘을 인자하게 위로하는 '교회 오빠' 모드가 도리어 청춘을 가장 가볍게 보고 있음을 간파한 김현진은 매 글마다 느끼하고 부들부들한 것과의 결별을 외치는 듯하다. 앙칼지고 까칠한 그의 글은 청춘을 건방지게 재단하려는 것이 아니라 아이러니하게도 앙칼지고 까칠해야만 살아남는 청춘의 두려움을 드러낸다. 그는 두려움을 드러내는 것으로만 끝내지 않는다. 울다, 슬프다, 아프다는 표현이 책에 자주 등장하는 것은 그 자신도 청춘의 두려움을 느끼고, 스스로의 삶을 두려워하고 있기 때문이다. 이것은 문장을 시작하거나 끝을 낼 때 할 말이 없어 쓰는 것이 아니다. 그는 곳을 '가고', 시간을 '쓴다'. 거기서 그녀는 고통을 정리하고 아픔을 추출할 필요가 없다. 겪어보니 부딪히는 공간과 시간은 고통과 상처 그 자체인 것이다. 고로 김현진의 글은 늘 사람들이, 청춘이 '그럼에도 불구하고' 기쁨의 자투리에 감사하고 그것마저도 사라질까 두려워한다는 것을 강조한다. 그는 오랫동안 화가 나면 화났다고 투덜거렸다. 슬프면 슬프다고 앵앵거렸다. 두려우면 두렵다고 말했다. 구구절절한 경험과 제대로 정리되지 않은 감정만이 넘치는 것 같지만, 그는 자신만의 원칙을 고수하고 그것에 충실하고자 노력했다. 아프면 아프다고 소리 지르고 그리고 그것을 공유하려 했다.

　나는 태어날 때부터 통각이 발달한 사람은 없다고 생각한다. 그것을 노렸는지 이 사회는 억지 고통을 만들어 교훈을 주려 애쓴다. 우리 시대 젊은이를 대하는 기업과 학교는 조직의 고통, 조직을 구성하는 개인의 고통을 나눈다며 사람들을 해병대에 떠밀고, 오지로 밀어넣기도 한다. 그러나 이처럼 기획된 고통은 고통에서 벗어날 방법을 머릿속에 가득 남겨놓은 채, 고통의 맛을 복무의 도구로 삼는다. 우리는 정녕 두려워할 권리가 있는가. 날마다 등장하는 새로운 개념과 그것을 둘러싼 논리정연함 속에서 으르렁거릴 준비를 하며 피곤함을 감추며 살고 있진 않은가.

　이런 맥락에서 『그래도 언니는 간다』는 우리 시대의 청춘에게 통각의 발달을 권유한다. 다가오는 삶에 대해 뚜렷한 문장 한 구절보다는 괴이한 함성에 새겨진 감정의 형체를 인정할 때라고 말하는 책이다. 여기서 『그래도 언니는 간다』는 김현진 개인의 고백 낱장과 '청춘'이라는 동시대의 사회적 기록 중간에 서 있다. 그 중간자의 입장에서 이 책은 우리의 포장하지 않은 모습에서 나오는 감정과 야성 그리고 통각이 이 세상을 견딜 수 있는 희망이라고 말한다. 이제 우리가 이 책을 읽고 할 수 있는 일은 무엇일까. "나는 머리에 뭔가 대단한 게 든 사람이 아니고, 오직 할 줄 알거나 할 수 있는 거라곤 그저 이렇게 울고 화내고 그것을 기록하는 것뿐이다"(300쪽)라는 그녀의 고백에서 힌트를 얻은 것 같다.

김신식 애서가

인생의
벗을 갖는다는 것

눈을 뜬다. 벽이 보인다. 눈을 감는다. 다시 눈을 뜬다. 꾸물거리며 벽에 붙어 있는 벌레가 보인다. 그렇다. 벌레다. 낮에도 전등을 켜지 않으면 빛이라고는 제대로 들어오지 않던 반지하 자취방에서 자고 일어나니 벌레가 나타났다. 대학 졸업 후, 취업 준비생 혹은 백수로 산지 3개월쯤 접어들 때였다.

불현듯 카프카의 『변신』이 떠올랐다. 대학교 신입생 시절 읽은 그 작품은, '카프카'라고 읽을 때 터지는 'ㅍ' 발음이 예쁘다는 인상이 남아 있었다. 벌레가 된 사내가 결국 사과에 맞아 죽는 장면으로 끝나는 소설을 본 뒤 머릿속은 물음표로 가득 찼다. 그랬던 책이 갑자기 이해가 되었다. '아, 이렇게 살다간 내가 벌레가 될 수 있겠다. 남자는

진짜 벌레가 된 게 아니라, 가족들에게 벌레로 보였던 거구나.'

무릎을 칠만큼의 깨달음이었다. 동시에 쓸쓸함이 밀려왔다. '난 벌레가 아닌데….' 4년 전 읽은 책이 왜 하필 그날 아침에 생각났는지는 지금도 모르겠다. 그러나 한 가지는 확실했다. 불안했다. '가장 잘 포장된 나'로 짧게는 몇 분 길게는 몇 시간 안에 합숙/면접 따위의 평가를

청춘대학
이인 지음, 동녘, 2010

받아야 하는 취업 준비생 신분으로 말미암아 '이러다 벌레가 되는 건 아닌지' '이미 벌레는 아닌지'하는 걱정이 앞섰다.

『청춘대학』저자 이인도 나와 비슷한 20대를 보낸 것 같다. 취직 걱정에 투자상담사 자격증도 따고, 스펙 쌓기를 위해 여러 분야에 눈길을 줬다는 그는 문득 고민에 빠졌단다. 행복하냐고 스스로에게 물으며 취직을 포기했다.

저자는 '대한민국 청춘, 무엇을 할 것인가?'라는 질문을 들고 열일곱 명의 스승을 찾아가 물었다. 이미 고민의 과정을 거쳤을 인생 선배들의 지혜와 여유를 엿보기 위해서였다. 시인 김선우, 고전평론가 고미숙, 언론인 홍세화와 같은 '꼰대'보다는 '선배의 품격'을 가진 이들을 찾아 저자는 계속해서 묻는다. 20대의 현실, 잘 사는 것, 인문학 등 주제는 다양했다. 본디 인생은 답이 있는 무엇이 아니라 질문을 해나가는 과정이라는 생각을 가지고 말이다.

각자가 가진 고민에 따라 선배 열일곱 명의 이야기는 다 다르게 들

릴 테다. 사회생활 2년차인 내게는 박남희 철학아카데미 공동대표와 고병권 수유+너머 연구원의 말이 가장 귀에 들어왔다. 박남희 대표는 철학을 삶에 녹여내는 방법으로 정직을 꼽았다. 잘 살고, 좋고, 아름다운 '진선미眞善美'의 삶은 자기 정직성을 바탕으로 하는데, 요즘 젊은 사람들은 무식이 탄로날까 봐 질문을 안 하거나 이미 다 아는 것처럼 질문을 한다고 그는 꼬집었다.

"사람들이 궁금한 데 묻지를 않아요. 내가 이런 질문을 할 때 상대방이 어떻게 생각할까? 이것에 얽매여 있어요. 자신에게 충실하기보다는 어떻게 비칠까 하는 의식이 알게 모르게 몸에 배어 있는 것 같아요. 우리 사회가 그렇게 기르고 있어요. 길을 모르면 사람들에게 물어 길을 찾아가야 하듯이 자기한테도 끊임없이 물어야 해요. 자기가 다 아는 것처럼, 다 옳은 것처럼, 잘 가고 있는 것처럼 생각한다는 것이 얼마나 위험한데요."(93쪽)

끝없이 질문하고 대답을 듣는 직업을 가진 사람으로서 이 부분을 읽으면서 뜨끔했다. 질문하기를 두려워하지 말 것! 그것이 가장 빨리 사실 혹은 진실에 도달하는 방법이라는 것을 새삼 깨닫는 요즘, 나 자신에게 가장 신랄히 다가오는 말이었다.

박남희 대표의 말이 전사와 같았다면 고병권 연구원의 말은 나비처럼 다가왔다. 니체를 통해 명랑함을 배웠다는 고 연구원은 명랑은 노동이 아니라고 선을 긋는다. "고객님 사랑합니다"라는 말이 범람하는 사회에서 웃음과 상품은 구분해야 한다. 좋은 관계(특히 벗)를 통해 형성되는 긍정이 명랑의 핵심이다. 그래서 고 연구원은 행동을 강조한다.

"긍정이란 단어는 굉장히 신체적이에요. 긍정을 마음의 문제로 여길까 봐 걱정이에요. 긍정은 몸에서 생겨나는 단어예요. 따라서 우울한 생각이 많이 들 때, 머리로만 웃자고 할 게 아니라 산책을 하거나 마라톤을 해보세요. 방의 분위기를 바꿔보는 것도 좋고요. 실제로 니체는 좋은 날씨를 찾아 일부러 떠났다고 해요. 혼자 방에만 있지 말고 문 밖으로 나가라고 말하고 싶어요. 좋은 책 한 권을 더 읽는 것보다 좋은 사람을 만나는 게 더 중요할 수 있어요. 내가 맺고 있는 관계를 바꿔보는 것도 좋아요."(196쪽)

골라 먹는 재미가 있다는 아이스크림보다는 적은 수지만 문학/철학/사학/경제학 등 각자의 분야에서 일가를 이룬 선배들의 목소리를 따라가다 보면 '1학기/방학/2학기'로 구성된 청춘대학은 어느새 종강을 한다. 스승 열일곱 명의 개성이 담긴 조언이지만, 뜯어보면 비슷한 메시지가 담겨 있다. 자기 삶의 주체로서 자신의 인생을 살라는 뜻으로 읽힌다. 물론, 앎은 각자의 몫이니 다르게 읽었다고 해서 시비 붙이고 싶지는 않다.

하지만 뭔가 아쉽다. 그 감정의 근원을 따라가다 보니 루쉰의 얼굴이 머릿속을 스쳤다. 지금 우리 세대에게 필요한 건 스승보다는 벗이 아닐까 하는 생각과 함께. 일찍이 그는 지도자를 찾는 청년들에게 악담을 퍼부었다. 영원히 지도자를 찾지 못할 거라고 단언했다. 심지어 지도자를 못 찾는 것이 행운이라는 말도 덧붙였다. 루쉰은 청년들을 향해 호통친다.

"청년들이 금간판이나 내걸고 있는 지도자를 찾아야 할 이유가 어디 있는가? 차라리 벗을 찾아 단결하여, 이것이 바로 생존의 길이라고 생각되는 방향으로 함께 나아가는 것이 나으리라. 밀림을 만나면 밀림을 개척하고, 광야를 만나면 광야를 개간하고, 사막을 만나면 사막에 우물을 파라. 이미 가시덤불로 막혀 있는 낡은 길을 찾아 무엇 할 것이며, 너절한 스승을 찾아 무엇 할 것인가!"(『아침꽃을 저녁에 줍다』, 「청년과 지도자」, 1925)

내 눈에는 위 글의 지도자 자리에 스승을 넣어 읽어도 다르게 보이지 않는다. 루쉰의 말은 근거 없는 용기를 피어오르게 만든다. 벌레가 될까 두려웠던 백수 시절의 막연한 불안감도 '벗' 덕분에 사그라졌다. 함께 산에 가고, 수다 떨고, 고민을 나누고, 책을 읽었던 친구들과 함께할 때 나는 벌레 환영에서 벗어날 수 있었다. 고병권 연구원의 말대로 몸을 움직이면서 만난 친구들을 통해 삶이 명랑해졌고 불안은 잊혀졌다. 그들이 내 스승이었고 친구였으며 또 다른 대학이었다. 스승의 이야기는 충분히 들었으니 이제 벗을 찾아나서는 것은 어떠한가.

김은지 〈시사IN〉 기자

만만한 게 청춘이다
—어른이 불가능한 시대의 성장에 대하여

『88만원 세대』가 열어젖힌 세대론의 장은 한국 사회가 청춘이라는 시기 혹은 존재에 대해 새삼스러운 주의를 기울이는 계기를 제공했다. 이후 세대론은 학문, 예술, 정치, 사회운동 등 다양한 분야에서 각자의 사정에 따라 변주되기 시작했고, 얼마 지나지 않아 당사자와 조언자, 냉소적 비판자와 야심가들이 한데 뒤섞인 '청춘담론의 판(혹은 시장)'이 만들어졌다.

그리고 여기에는 이 판의 향방에 대해, 즉 누가 가장 많은 판돈을 따갔는지를 보여주는 한 권의 책이 있다. 청춘담론의 (시)장에서 최종 승리를 거둔 것이 청춘을 위한 조언을 담은 '기성세대'의 책이라는 사실은 다소 아이러니한 감정을 불러일으킨다. 물론 오늘날의 상황을 헤쳐나가는 데 있어서 세상의 풍파를 겪은 선배들의 조언이 귀중할 수도 있다. 그러나 이 조언의 범람에는 어떤 주객전도가 있다. 애초에 '구조'적인 문제로 제기되었던 실업과 비정규직 문제는 기묘한 프로세스를 거쳐 좌우파 꼰대들의 '샌드위치 꼰대질'로 변질되었다. 가령 취직이 안 되는 걸 한탄하는 대학생의 나태함과 무지를 꾸짖는 우파 버전의 꼰대가 있다면, 똑같은 대상의 사회적 무책임과 현실 순응적 태도를 꾸짖는 좌파 버전의 꼰대도 있다. 이러지도 저러지도 못 하는 이에게, 이러지도 저러지도 못 한다고 비난을 퍼붓는 것이 상호 스트레스의 증가 이외에 무슨 효과를 가져오는지 알 수는 없지만, 이러한 전도가 '청춘판'의 기묘한 뒤틀림을 방증한다는 것은 분명해 보인다.

　『아프니까 청춘이다』는 이런 현실을 여지없이 반영한다. 사실 이 책의 가장 난감한 점은 소위 자기계발서치고서도 놀라울 만큼 새로운 점이 없다는 것이다. 정확하게 말하자면 이 책은 '시대착오적'인 발상들로 가득하다. 저자는 대학을 지성이나 교양과 연결시키고, 청춘의 가난을 찬양하며, 직업에 대해서는 장기적인 안목을 가질 것을 요구한다. 연애는 일편단심이어야 하고, 일 자체의 즐거움을 위해서는 소득을 포기할 줄도 알아야 하며, 혜안을 줄 수 있는 멘토나 스승을 찾으라는 말도 잊지 않는다. "큰 지식" "큰 책임" "큰 꿈"이라는 "뻔한 이

아프니까 청춘이다
김난도 지음, 쌤앤파커스, 2010

야기"를 했다는 저자의 말은 조금의 오차도 없이 이 책의 내용을 훌륭하게 요약하고 있다.

때문에 저자는 오늘날 대학생이라는 존재가 얼마나 평가절하되었으며, 그들의 가난이 얼마나 현실적이면서도 지속적인 것인가라는 사실에 당혹스러울 만큼 무감각하다. 게다가 저자가 말하는 "대학생"은 한국 사회의 학벌 구조 안에서 혜택을 받는 이들을 지칭하며, 그래서 대부분의 '대학생'을 대변할 수 없다는 사실에 대해서도 마찬가지다. 작금의 자기계발계₭의 질서가 어떻게 하면 세상의 미세한 변화를 남보다 조금이라도 빠르게 파악해낼 것인가에 목매고 있다는 점을 떠올려보면, 이 책이 보여주는 '(시대로부터의) 자유로움'에 순진함인지 뻔뻔함인지 모를 느낌마저 받게 된다.

가장 중요한 문제는 이런 종류의 책이 공통적으로 가지고 있는 근본적 결함이다. 이는 상업성이나 깊이 없음의 문제라기보다는 애초에 조언을 하는 당사자들조차 조언받을 이들과 비슷한 종류의 곤경에 노출되어 있다는 점이다. 간단히 말해 이것은 우리가 살고 있는 시대가 '어른'이라는 존재를 만들어낼 수 없는 상황에 놓여 있다는 것이다.

오늘날 사람들은 더 이상 인생 전체를 생각의 단위로 삼을 수 없는 불안정 속에서 살고 있다. 삶은 '제한시간' 안에 해결해야 할 과업의 다발로 이루어져 있으며, 이 어마어마한 중압감은 개인들로 하여금 삶이 평균적으로 70~80년이나 지속될 것이라는 사실에 대해 생각하는 것을 포기하게 만든다. 까마득한 끝과 눈앞의 다급함 그리고 물컹거리는 발밑의 조합은 시간과 성숙 사이에, 혹은 경험과 성숙 사이에 존재하던 상관관계를 점점 '무의미한 것'으로 바꿔놓고 있다. 이러한 상황 속에서 우리에게 주어진 성장 옵션은 다소 극단적이다. 즉우리는 항구적인 청년기 혹은 사춘기에 머물러 있거나, 자기만족 혹은 자기기만의 기준을 통해서 모종의 '완성'을 선언하고 내면의 문을 닫아거는 '완전체'나 '꼰대'가 되는 두 개의 경로를 갖게 되었다.

전자가 자발적이거나 폭력적인 경험을 통해서 삶을 불안정함이라는 단어로 대체한 이들이라면, 후자는 이러한 불안을 억누르기 위해눈과 귀를 막은 이들이다. 이 두 집단의 공통점은 '여유'가 없다는 것과 오로지 '자기유지'라는 한 가지 목적만을 향해 곤두서 있다는 것이다. 그러나 자기유지는 곧잘 난항에 빠지는데, 그것은 도대체 '기준'이라는 것이 없기 때문이다. 오늘날 그 기준은 오직 '돈' 하나만 존재하는 것처럼 보인다. 하지만 "돈만 있으면 다 된다"는 말처럼 '돈'은그 어떤 법칙도 한계도 없이 무차별적으로 흘러다니기 때문에 우리가 겪는 혼란의 상당수를 조장한 장본인이다. 즉, 자기유지의 기준이되기에는 부적절한 성격의 것이다.

'멘토'라는 존재가 불현듯 부각되는 이면에는 이러한 사정이 숨어있다. 여기에는 오늘날 청년들이 겪는 방향 상실과 그로부터 요청되는 어른이라는 존재에 대한 갈증이 있다. 하지만 불안한 30대와 흔들리는 중년에 대한 책들이 누리고 있는 인기와, OECD평균의 3배를 웃도는 노인자살률 같은 것들에서 드러나듯이 불안함과 방향 상실은 사실상 전 세대의 것이다. 이러한 어른의 부재는 동시에 사회적책임을 질(혹은 떠맡길) 주체의 부재를 의미한다. 결국 이러한 혼란에대한 궁여지책으로 등장한 것이 몇몇 연장자들로 하여금 멘토의 지위를 부여해서 '어른 역할'을 하도록 만들고, 일정한 책임을 맡도록 하는 일종의 역할극이다. 하지만 이런 어른 역할을 맡은 멘토들이 제공할 수 있는 것이 큰 의미 없는 격언들과 사회생활에 대한 처세나 속물적인 조언이라는 사실은 멘토와 '멘티' 모두를 다시금 혼란에 빠트린다. 멘티의 존경은 가볍게 남발되고, 환담을 마친 멘토는 다시금 자기만의 불안 속으로 빠져드는 악순환이 반복되고 있는 것이다.

90년대의 이른바 '신세대'가 산업화와 독재의 고루함에 '똥침'을 날리며 어른들을 충격과 경악으로 몰아넣었다면, 2000년대의 '88만원 세대'는 어른 자체가 사라진 시대에서 어른의 유령과 씨름한다. 게다가 청년들이 패자부활 없는 경쟁과 경험을 빙자한 착취 속에서 조로老하는 사이, 피부와 뇌의 주름에 보톡스 시술을 받은 동안童顏의 어른들은 영원한 청춘의 권리를 주장하며 푸석한 젊은이들을 슬쩍 옆으로 밀어놓는다. 젊음마저 '증명'의 대상인 시대에 청년들이 겪는 상처는 '성장통'이라기보다는 외상外傷이다. 그리고 이 책은 진통제로서도 모호하지만, 치료제는 더더욱 아니다. 어쩌면 이 책과 그것을 둘러싼 현상 자체를 하나의 '증상'으로 다루는 것이 이 책을 보는 가장 합당한 방법인지도 모른다.

최태섭 문화연구자. 저서로 『열정은 어떻게 노동이 되는가』(공저, 2011)가 있다.

책 안 읽는 청춘에게

한 남자가 있다. 여자 친구에게 책을 선물하기 위해 서점에 나간다. 때는 2009년경. 이런 저런 베스트셀러 가운데 눈에 띄는 책은 사회 과학 코너에서 스테디셀러로 판매를 이어가고 있는 『88만원 세대』였다. 일명 '교양도서'다. 남자는 여자 친구에게 조금이라도 '있어 보이고 싶은 공대생'이었다. 그는 읽어보지도 않은 이 책을 사서 여자 친구에게 선물한다. 대한민국 젊은이들 이야기라며 우리를 '88만원 세대'라고 부르면 된다는 말을 덧붙였다. 이 커플은 평소 비정규직 문제나 사회 구조에 대한 대화를 나눌 정도는 아닌, 그저 서로 미래를 격려해주던 소박한 사이다. 책을 읽던 여자는 '취업이 어렵다는 현실을 그가 걱정'해준다고 애써 생각하려 하지만 왠지 우울한 앞날을 저주하는 것처럼 느껴진다. 마침 남자와의 관계는 식어가고 있었다. 여자의 마음을 잡기에 이 사회과학 책은 약했나 보다. 둘은 헤어졌다.

어느 책의 TPO(Time, Place, Occas-ion)에 대한 이야기다. 실제로 있었던 일이다. 이런 커플에게 권하고 싶은 책, 딱 여기 있다. '88만 원 세대'라는 본래 정치경제학적인 의미를 담은 이 용어는 독특한 위상을 점하다가, 출판시장에서 어느새 '청춘'으로 대체되기 시작했다. 20대 담론은 크게 두 가지 방향으로 이루어졌는데, 하나는 『이십대 전반전』처럼 20대가 스스로에 대해서 말하는 경우로 대안적인 20대의 모습을 발굴하려고 한다거나 『열정은 어떻게 노동이 되는가』, 『나는 이 세상에 없는 청춘이다』처럼 동세대 모습을 분석하는 것이었으며, 다른 한 축은 『이것은 왜 청춘이 아니란 말인가』처럼 다른 세대가 20대에 대해 분석하는 방식이었다. 그러나 실제로 20대 독자들의 선택을 받은 것은 『아프니까 청춘이다』와 같은 청춘 대상 발화였다. 그 사이에는 '청춘'이라는 낭만적인 단어로 포장한 지성인의 성장회고 독서에세이 『청춘의 독서』(유시민, 2009), 『청춘을 읽는다』(강상중, 2009) 등이 놓이는데, 이를 대중 독자에게 좀 더 다가가기 쉬운 컨셉으로 가져온 것이 『책 읽는 청춘에게』다.

『책 읽는 청춘에게』는 대학생들이 '88만원 세대' 문제를 제기한 우석훈을

책 읽는 청춘에게
책꽂이 대학생 7인 지음, 북로그컴퍼니, 2010

비롯해 우리 시대의 멘토가 될 만한 스물한 명의 어른을 찾아가 '청춘에게 추천하고픈 책'을 인터뷰해 정리한 모음집이다. 이 책은 이 시대의 '평범한 대딩'들은 무슨 생각을 하고 있으며, 멘토라 불리는 이들이 20대에게 해주고 싶은 조언은 무엇인지를 솔직하게 담고 있다.

이 책은 기자를 지망하거나 관련 동아리나 전공을 가진 대학생 다섯 명이 공동 저자이다. 흥미로운 점은, '취업에 목숨 거는 세태를 반성하는 자세'로 멘토를 찾아간 저자들이 이 프로젝트를 통해 '자신의 길을 더욱 열심히 준비하겠다는 열정을 다짐'하게 되었다는 것이다. 그들은 공저자라기보다는 한 명의 인터뷰어로 느껴질 만큼 통일성 있게 반복되는 패턴을 보인다. 스물한 명의 멘토가 내놓은 '청춘의 답' 역시 낯설지 않다. 책에서 만난 우리 시대 멘토들은 활동 분야가 다양함에도 불구하고 '모범적'이라고 여겨지는 프레임에서 거의 벗어나지 않는다. 어쩌면 이 책은 다섯 명의 저자에게 다른 이들에게는 없는 독특한 경력으로서 이력서 한 줄에 보탬이 될 '스펙'이 될 지도 모른다.

"아픈 만큼 성숙해지고 더 단단해진다는 말"(15쪽)은 식상하지만 사실이라고 말하는 저자'들은 "사실 나의 꿈은 기자지만 그동안 마케팅, 홍보대사 같은 활동에만 몰두했다"(224쪽)고 스스로를 반성하거나 "내가 만난 인터뷰이들은 나를 위해 준비된 분들 마냥 좋은 메시지들을 건네주셨다"고 말한다.

"지성, 미모, 교양, 명예 등 사람들이 선망하는 것을 가진 완벽한 사람 같았던"(155쪽, 유정아) 멘토가 사실은 "남들이 옳다는 길 대신 가지 말라는 길만 걸어온 청개구리"(18쪽, 우석훈)였거나, "기성사회가

지르는 욕박도 안타깝지만 등록금 문제조차 대응 못하는 20대가 의아"(229쪽, 박성수)하다거나 "대한민국 20대가 지나치게 나약하다며 안타깝다는 말을 듣거나"(31쪽, 서진규) "시대를 잘 타고났기 때문에 대규모 채용의 덕을 입었다"(59쪽, 최문순)는 겸손함과 "깨달음을 얻고자 감옥에 들어가려 해도 마음대로 못 가는 요즘을 불행한 시대라고 말하는 단호함"(73쪽, 박원순)을 통해 역발상을 느꼈다고 저자들은 고백한다. "재미있는 일을 하기 위해서 따른 대가를 두려워하지 말고 감수해야 한다"(105쪽, 노희경)거나 "자신과 솔직히 마주하는 과정이 고통스럽더라도 바닥까지 내려가 경험하면 그 문제를 해결할 수 있다"(115쪽, 김혜남)는 충고는 너무나 익숙한 문장들이다. 스물한 개의 질문에 대한 답과 추천 도서 소개의 틈에는 '그래서? 어떻게?'에 대한 답은 없다.

"사람들과 정을 나누지 않고 모니터와 정을 나눈다는 20대"(133쪽, 송일곤)를 걱정하는 멘토를 통해 자신들을 불쌍하다고 여기고, 그러니 "모든 것이 다 잘될 거라는 믿음을 갖고 밝게 웃으며 살아가라"(121쪽, 김혜남)는 인사에 안도하는 것은 짧은 인터뷰의 컨셉상 당연했으리라. "잘하는 일을 직업으로 삼으면 성공할 수는 있지만 좋아하는 일을 하면 당당하게 일어날 수 있다"(147쪽, 박철민), "나는 누구인가 라는 질문을 하라"(252쪽, 차승재), "한 분야의 최고가 되려면 한 가지만이 아니라, 인문학적인 지식이 필요하다"(273쪽, 조영욱)는 조언들도 너무나 익숙한 문장들이다. 이 책은 스물한 개의 조언과 추천 도서를 잘 골라 담은 스물한 쌍의 '종합선물세트'였던 것이다.

이 책의 저자들은 『자발적 복종』(에티엔느 드 라 보에저, 2004)을 통해 홍세화에게 실천하는 행동을 배우고『시골의사의 아름다운 동행』(박경철, 2005)을 통해 살아 있음의 행복을 느끼고『서유기』를 통해 시대를 뛰어넘는 정서와 성찰, 미덕과 교훈 등을 얻고『불의 기억』(에두아르노 갈레아노, 2005)을 통해 역사를 배우고 칸트와 소크라테스를 추천받는다. 흔히들 말하는 '뻔한 일상'을 사는 보통 20대들이『여행의 기술』(알랭 드 보통, 2004)처럼 표류하지 않는 청춘이었으면 좋겠고, 세상의 도피처로 즐기기 시작한 문화를 통해 예술의 의미를 찾았다며『남쪽으로 튀어』(오쿠다 히데오, 2006)를 권하는 김봉석과 같은 삶도 나쁘지 않겠다.

이 책이 가지는 대안이나 고민은 사실 그 자체로는 너무나 정제되지 않았지만, 바로 그 점이 미덕일 것이다. 다만 이것이 과연 20대의 입을 통해 들어야 하는 이야기인지, 기자를 준비하는 친구들이 할 수 있는 성찰의 최전선이었는지는 그들과 직접 이야기를 나눠보고 싶기도 하다. 지성인들의 조언이 20대의 펜으로 표현되는 과정에서 생략된 많은 이야기가 어딘가에 있으리라. 가장 치열한 고민은 '어떻게'라는 성찰의 과정에서 나온다. 이 책에서도 민규동 영화감독은 질풍노도의 시기가 20대 말에 찾아와 자신 안에서 세대의 단절이 일어나 말수가 줄었다고 고백하고 있지 않은가.

그럼에도 불구하고 결국 20대의 불안감을 해소해주는 것은 사회적으로 성공한 이들의 조언이라 불리는 것들이다. 또한 이 책은 20대의 불안함에 '책이라는 든든한 백그라운드'를 심어주었다. 이는 책이라는 매체가 사회에서 어떤 기능을 하는지를 증명하는 것 아닐까. 그래서 책과 지성인의 결합이라는 기획만으로도 이 책은 상당한 판매를 이루어냈다. 『아프니까 청춘이다』는 본인이 아프거나 청춘이라고 생각하는 이들에게 책을 집어 들게 만들었다. 한국 사회에는 스스로를 아프다고 생각하는 청춘이 충분히 많다. 마찬가지로 『책 읽는 청춘에게』는 책을 좋아하는 청춘들에게 책을 집어 들게 할 테지만 역으로 이 책의 본래 의미는 '평소 책을 읽지 않는 청춘에게'라고 바꿔 말한다면 '청춘들'을 너무 비약하는 것일까.

김류미 도서출판 은행나무 콘텐츠 기획팀. 저서로 『은근 리얼 버라이어티 강남소녀』 (2011)가 있다.

장난 아닌 세상에서 머리 하나로
살아남는 노하우

세상이 뜻대로 되질 않아. 20대에는 이런 생각을 많이 했다. 비슷한 푸념을 부모나 선배들에게 털어놓기도 했다. 때로는 그들로부터 동정 어린 시선을 받기도 했다. 스스로 위안을 얻기도 했다. 예를 들어, 내 인생의 가장 어려운 순간에 부모에게 세상살이의 고단함을 토로한 적이 있다. 당시 그들에게 기대했던 것은 동정이나 위안이 전부가 아니었다. 무엇보다도 그들의 지혜와 통찰력을 바랐던 것 같다. 진작 삶의 무게를 실감하고, 그것을 조금이라도 덜어낼 노하우를 그들 나름대로 갖고 있을 거라고 믿었기에.

그러나 현실은 달랐다. 대단한 생존 비법은 고사하고 간단한 위로조차 못 받았다. 세상 힘든 경험을 더 겪어봐야 한다는 험한 얘기만

20대, 컨셉력에 목숨 걸어라
한기호 지음, 다산초당, 2009

들어야 했다. 부모가 아니어도 마찬가지였다. 20대 여자에게 꼭 필요한 멘토의 조언은 현실에서 구하기 힘들었다. 사람이 아니라 활자에서 답을 구하기도 했다. 하지만 핵심을 비껴나간 건 말할 것도 없고, 지나치게 공허했다. 차라리 스스로 답을 구하기로 했다. 부대끼고 다투면서 무던히도 느끼고, 깨달았다. 그 결과를 20대 후배들에게 전해준다고 두 권의 책을 쓰기도 했다. 그게 20대를 막 넘어서던 시절의 일이다.

몇 년 뒤 우연한 기회에 한기호 소장의 책『20대, 컨셉력에 목숨 걸어라』를 읽게 됐다. 당시에 느꼈다. 이 글을 내가 20대 때 접했더라면 얼마나 좋았을까 하고. 인생 선배가 20대 후배에게 건넬 수 있는 공감과 격려, 그 이상의 노하우가 책에 담겨 있어서다. 게다가 이즈음의 20대는 얼마나 고단한가. 대학 졸업과 동시에 실업자가 되고, 기껏해야 88만원 세대로 만족해야 한다. 무엇보다도 10년 뒤의 장밋빛 인생을 기약하기 힘든 이들이다. 그들의 선배로 내가 하고 싶은 얘기들이 이 책에 대부분 들어 있었다. 20대 당시 듣고 싶었던 이야기 또한 상당 부분 들어 있었다. 하긴 그럴 만도 했다. 이 책은 한 소장이 막내딸이 던진 한마디에 답해주고 싶었던 이야기들을 모은 것이다. "아빠, 세상이 장난이 아닌 것 같아."

부모님 말씀이 그런 것처럼, 이 책의 모든 내용을 여느 20대는 곧

이곧대로 받아들이지 못할 수도 있다. 20대에는 부모와 세대 차만 느낀다. 그들 또한 20대를 견뎌낸 세대라는 사실을 잊어버릴 때가 많다. 부모의 조언은 20대를 넘겨서야 비로소 실감할 수 있게 마련이다. 부모가 아니라, 선배의 조언이라 해도 마찬가지다. 30줄에 들어선 뒤 20대 후배들에게 늘상 하는 조언 가운데 이 책 속에 들어 있는 것들이 꽤 있다. 대부분 책을 읽기 전부터 느꼈던 것들이다. 예를 들자면, 이런 것들이다. 저자는 "검색형 독서만으로는 부족하다" "일주일에 책 한 권을 읽어라" "블로거가 되라" "글을 써라" "이야기를 만들 수 있어야 한다" 등을 강조한다. 독서만 해도 그렇다. 정작 왕성한 독서욕을 보였어야 할 20대에는 독서가 그토록 중요한 줄 몰랐다. 사실 독서의 필요성을 그다지 실감하지 못했다. 필요한 정보를 언제든 실시간으로 인터넷에서 꺼내 쓸 수 있는 상황에서 책이 무슨 소용이 있단 말인가. 글쓰기나 스토리텔링에 대해서도 마찬가지였다. 클릭 몇 번만 하면 고전에서부터 현대까지 명문이 줄줄이 딸려 나오는 마당에 왜 이야기를 만들고, 그걸 글로 옮겨야 할까?

그런데 20대의 중후반 사회생활을 하면서 독서와 글쓰기, 스토리텔링의 필요성을 뼈저리게 실감했다. 누가 가르쳐줘서가 아니라 스스로 느꼈다. 당장 프리랜스 기자로 각종 매체에 연재를 제안할 때 그랬다. 내가 구상한 사업 아이디어를 가지고 투자자들을 설득해야 할 때가 그랬다. 그 때 필요한 것은 단편적인 정보나 지식이 아니었다. 독서와 글쓰기, 스토리텔링을 기본으로 하되 그것에 바탕해서 더욱 큰 이미지와 메시지를 만드는 일이었다. 뭔가 가치 있는 것을 창조하는 작업이었다. 인터넷에서 구할 수 있는 단편적인 정보나 글은 아무런 도움이 되지 않았다. 주변의 어설픈 조언들도 별 도움 안 되기는 마찬가지였다. 평소 실력을 바탕으로 철저하게 혼자 궁리하고, 만들어낸 것이어야만 했다.

20대가 장난 아닌 세상에서 살아남는 데 필요한 능력에 대해서는 어느 정도의 공감대가 있다. 20대라면, 20대를 넘긴 사람이라면 그 노하우가 무엇인지 어렴풋이 정의할 수는 있다. 그러나 그것을 한마디로 정의하기란 힘들다.

굳이 멘토의 소속을 학교와 사회로만 대별해보자. 전자에 가까울수록 그들은 그 능력을 인문학적 소양이라고 말하는 경향이 있다. 물론 독서와 글쓰기, 스토리텔링이 인문학에 가까운 것이 사실이다. 그러나 20대에 간절히 필요한 것은 인문학 자체라기보다는 그것에 기반해 새로운 것을 창조해내는 능력이다. 반면 사회에서 활동하는 멘토들은 그것을 기획력이라고 부르기를 좋아한다. 그러나 20대가 공감할 그 능력은 기획력의 창의적인 요소를 핵심으로 하되, 인문학의 풍부한 소양이 가미된 것이다. 또 있다. 원칙과 신념이라는 면에서 이른바 '개념'이 탑재된 것이어야 한다. 도발적인 아이디어를 실천할 수 있는 실행력도 뒷받침돼야 한다. 그래야 최선이다. 20대를 위한 서바이벌 전략에 멘토들마다 다른 이름을 붙이는 데에는 그럴 만한 까닭이 있는 것이다.

저자는 20대 생존 전략의 핵심을 솜씨 좋게 한마디로 정의한다. 바로 '컨셉력'이다. 출판계에서 잔뼈가 굵은 그는 컨셉력을 출판에서의 편집 작업과 흡사하다고 본다. "일정한 방침 하에서 정보와 다양한 소재를 모으고 정보와 정보, 물건과 물건의 관계성을 발견하고, 그것을 짜 맞춤으로써 새로운 가치를 만드는 작업"이다. 이 말이 지나치게 추상적이라고 느낀다면, 이 세상을 베스트셀러 출판 경쟁을 벌이는 출판계라고 상상해보자. 이곳에서 편집자의 역량은 절대적이다. 편집자의 역량이란 편집 능력이다. 기존의 책과는 차별화되면서도, 의미 있고 재미도 있는 책을 만들어내는 능력이다. 동시에 세상이 원하는 책을 펴내야 한다.

이제 출판계는 사회고, 책은 가치다. 당신은 어떤 의미에서건 가치 있는 것을 만들어내야 생존하고 성공할 수 있다. 가치 있는 것을 제대로 창출할 줄 아는 능력이 바로 컨셉력이다. 이 능력은 상품 기획이나 경력 관리, 사업 등 모든 분야에 적용된다. 모든 사회생활에서 생존하고 성공할 수 있는 핵심 능력이다.

물론 여느 멘토의 말처럼, 이 선배 혹은 아빠의 조언이 모두 20대가 좋아할 만한 방식으로 이뤄진 것은 아니다. 좋은 멘토들은 가끔씩 너무 돌려 얘기하고, 또 어떨 때는 너무 많이 얘기한다. 이 책에서는 일본 사례가 너무 많은 것도 가끔 거슬린다. 그러나 좋은 말이라는 게 그렇다. 꼭 들어야 할 얘기는 듣기 싫을 때가 많다. 게다가 조언이 필요한 시기를 다 넘기고 나서야, 그 조언이 얼마나 좋았는지를 깨닫게 되는 법이다. 30대가 되고 나서야 저자의 20대 딸에 대한 충언을 제대로 이해하겠다. 그래서 더 20대 후배들이 진지하게 일독했으면 한다.

이여영 프리랜스 기자. 저서로 『규칙도, 두려움도 없이』(2009)가 있다.

그럼에도 불구하고
낭만주의!

여기, 세상 풍파를 겪을 대로 다 겪은 서른 댓 살 먹은 한 남자가 있다. 이 남자에게 스무 살 여동생이 하나 있다면, 그는 여동생에게 이 사회가 어떤 곳이라고 말해줄 수 있을까. 이 세상은 아름다운 곳이니 꿈과 희망을 갖고 살라고 이야기할 수 있을까. 등록금에 허덕이고 스펙에 목매달고 취직에 굶주리는 청춘에게? 그럴 수 없을 뿐 아니라 그래서도 안 될 것이다. 차라리 솔직하게 진짜 현실에 대해 말하는 것이 낫지 않을까. 바로 이렇게 말이다. "아마 넌 아직 잘 모르겠지만, 한국은 '잔혹하다'는 표현이 어울릴 정도로 무시무시한 자본주의 사회야."(192쪽)

『스무 살, 절대 지지 않기를』은 『꿈꾸는 다락방』(2007)과 『여자라면 힐러리처럼』(2010) 등의 베스트셀러 자기계발서로 유명한 작가 이지성의 첫 번째 에세이이다. 스무 살 여동생에게 보내는 편지 형식으로 쓰인 이 책은, 겉으로는 따뜻한 격려의 메시지로 보이지만 속을 들여다보면 잔잔한 위로와는 거리가 멀다. 앞의 인용문처럼 한국 사회의 진짜 현실을 아주 거침없이 말하고 있기 때문이다. 세상은 거대한 악惡이며 한국 사회는 냉혹한 정글자본주의 사회라는 인식이 책 구석구석에 펼쳐져 있다. 이른바 '자기계발 에세이'인데도 불구하고 말이다.

잠시 곁가지로 벗어나서 자기계발서에 대한 이야기를 해보자. 불과 몇 년 전만 해도 자기계발서 열풍이 있었다.『마시멜로 이야기』(호아킴 데 포사다·엘렌 싱어, 2005)『청소부 밥』(토드 홉킨스·레이 힐버트, 2006)『시크릿』(론다 번, 2007) 등을 비롯한 자기계발서가 서점가를 장악했다. 하지만 2008년을 정점으로 자기계발서 거품은 꺼졌다. 대중은 더 이상 자기계발서가 하는 말을 곧이곧대로 믿지 않았다. 신자유주의의 몰락과 함께 미국식 자기계발서는 뒤편으로 물러났다. 무조건적인 긍정이나 대책 없는 낙관은 이제 사람들의 마음을 사로잡지 못한다.

그런 '순진한' 자기계발서와 달리『스무 살, 절대 지지 않기를』은 냉정한 현실 인식에 바탕을 두고 있다. 때론 시사 프로그램을 보는 듯한 느낌이 들 정도다. 이지성은 미인대회의 화려한 무대 뒤에 숨겨진 어두운 현실을 인터뷰와 조사를 통해 까발리며 외모에 대한 환상을 깨뜨린다. 또한 한국이라는 나라가 약자에게 얼마나 잔인한 곳인지 들추어낸다. "못생긴 여자에게, 키가 작은 남자에게, 좋은 대학을 나

오지 못한 사람에게, 비정규직에게, 실업
자에게, 가난한 사람에게, 세상은 매우
잔인해."(137쪽) 한마디로 말해 지독할 정
도의 현실주의다.

스무 살, 절대 지지 않기를
이지성 지음, 리더스북, 2011

그러나 여기서 끝이 아니다. 이지성의
지독한 현실주의는 그의 치열한 낭만주
의와 마주친다. 이를테면 한국 사회가 약
자에게 잔인한 곳이라고 말하면서 이지
성은 이렇게 덧붙인다. "이 추악한 세상에 굴종하거나 좌절하거나 절
망하는 대신 가슴속을 미친 꿈의 빛으로 채우고서"(137쪽) 살아가라
고, 지옥 속에서 별을 꿈꾸라고 말이다.

미국의 소설가이자 철학자인 아인 랜드는 『낭만주의 선언』(2005)
에서 "낭만주의는 인간이 의지意志라는 능력을 소유하고 있다는 인
식"이라고 말했다. 의지라는 능력은 곧 꿈을 꿀 수 있는 능력이다. 다
시 말해 낭만주의란 현실의 어려움과 비루함에도 불구하고 '꿈을 꿀
권리'를 옹호하는 윤리적 태도다. 『스무 살, 절대 지지 않기를』은 바로
이러한 낭만주의를 이야기한다. "비록 세상이라는 거대한 악에게 짓
밟힌 채, 꿈틀거리는 수준이었지만, 나는 매일 앞으로 나아갔어. 내
가슴속을 가득 채운 꿈이라는 별 하나를 믿고서."(178쪽)

사실 오늘날 청춘이 정말로 힘들다면, 그것은 스펙이 너무 많이 필
요하다거나 취직하기가 너무 어렵다거나 하는 현실적인 문제 때문만
은 아니다. 그들이 진짜 힘든 이유는 꿈을 꿀 권리를 상실했기 때문
이다. 오늘의 청춘은 그 이전의 어떤 세대보다도 '꿈'이 없다. 대신 안

전한 삶, 안정된 삶, 안락한 삶을 강요받는다. 그런 삶들은 그저 생존만을 추구하며 이미 놓여 있는 레일 위를 달려가는 데에 지나지 않는다. 오늘의 청춘은 자신만의 꿈을 갖고, 자신만의 길을 걸으며 살아가지 못하고 있다.

『스무 살, 절대 지지 않기를』이 많은 청춘에게 지지를 받은 까닭이 여기에 있다. 눈앞에 지독한 현실이 있다는 것을 너무나 잘 알고 있지만, 그럼에도 불구하고 계속해서 자신만의 꿈을 꾸고 그 꿈을 실현하기 위한 노력을 멈추지 않는 치열한 낭만주의가 마음을 울린 것이다. 내 식대로 요약하자면 '그럼에도 불구하고 낭만주의'라고 할 수 있다. 이것은 청춘이 사악한 세상에 '절대 지지 않으며' 맞서 싸우는 하나의 특별한 방법이다.

그러나 여기서 이 싸움이 개인의 내면 차원으로만 한정된다는 것은 다소 아쉽다. 이지성은 사회와의 싸움보다는 자기 자신과의 싸움을 중요시한다. 그러다 보니 개인들 간의 연대 차원의 싸움은 거의 언급되지 않는다. 자기계발 에세이의 태생적인 한계다. 하지만 "총학생회 등에서 등록금 인상 저지투쟁 등을 하면 앞으로는 그 대열에 동참해 봐"(157쪽) "네 미니홈피에, 네 블로그에, 네 트위터에 정치가들이 두려워할 메시지를 지속적으로 올리면 어떨까?"(154쪽) 같은 대목들도 있다. 20대의 정치 운동을 독려하는 이런 부분들은 자기계발 에세이치고는 급진적인 접근으로 높이 평가할 만하다.

사실 자신을 바꾸는 것과 사회를 바꾸는 것은 '따로 또 같이' 해야 할 일이다. 청춘에게는 자신만의 꿈을 꾸는 것 이상의 무엇이 필요하다. 지금보다 더 좋은 사회를 위한 '사회적인 꿈'도 필요한 것이다. 물론 이런 부분들은 자기계발서가 아니라 '사회계발서'가 제시해야 할 것이지만 말이다.

돌이켜보면 어려운 현실에 처한 청춘을 격려하고 응원하고 위로하고 위안하는 책들이 예전에 비해 많아졌다. 하지만 그 책들이 얼마나 냉정하게 현실을 인식하는지, 그리고 얼마나 치열하게 꿈을 꾸고 있는지를 물어보면 다소 부정적인 결론을 내릴 수밖에 없다. 냉정하지도 치열하지도 않은 어정쩡한 메시지들이 넘쳐나고 있다.

그런 풍경 속에서 『스무 살, 절대 지지 않기를』은 나 홀로 독보적인 모습을 보여준다. 지독하게 현실주의적인 인식에도 불구하고 맹렬하게 낭만주의를 고수하는 태도는 이지성의 진정성과 맞물리며 강렬한 감동과 강한 동기부여를 이루어낸다. 누군가 나에게 청춘을 위한 자기계발서를 단 한 권만 고르라고 한다면, 당분간은 주저 없이 이 책을 고를 것이다. 비록 이 책이 최선은 아닐지라도, 가장 현실적이고 또한 가장 낭만적인 책일 테니까 말이다.

박동수 도서출판 사월의책 편집자

인생에 매뉴얼은 없다

이 책은 자기계발서 같지 않은 자기계발서다. 저자는 자신이 정답을 강요하는 '선배'가 아니라 '같이 보고, 같이 듣고, 같이 고민'하려는 사람이라는 것을 강조한다. 그러면서도 끊임없이 젊은이들이 해야 할 일을 제시한다. 시간 관리는 이렇게 해야 하고 인맥 관리는 저렇게 해야 한다, 20대 때는 뭘 해야 하고, 30대 때는 뭘 해야 한다. 저자는 사회를 비판하면서 짱돌을 들라고 말하다가도 자신에게 투자하라고 조언한다. '진정한 진보'에 대해서 논하고 불평등한 구조의 문제를 지적하다가도 각자 살 길을 찾아야 한다고 한다. 언뜻 봐서는 이 둘이 어떻게 연결되는 것인지 알 수가 없다.

더 자세히 들여다보자. 그런데 잠깐, 이 책의 구조를 파악하는 건

쉬운 일이 아니다. 각각의 장들은 논리적인 흐름보다는 저자의 인생에 초점을 맞춰, 마치 술자리에서 늘어놓는 이야기처럼 두서없이 서술되고 있다. 뒤로 갈수록 장마다 비슷한 내용이 반복되며 된장녀와 인터넷, 부모님과 격투기 등 서로 연관 없어 보이는 소재들이 한데 뒤섞여 있다. 그러나 긴밀하지 못한 구성과 디테일을 지엽적으로 비판하기보다는 이질적인 것들을 관통하는 저자의 입장을 보는 게 좋겠다. 이 책은 비평서가 아니라 김남훈이라는 사람의 인생 지침서이니까 말이다.

저자의 입장은 이렇게 전개된다. 첫째, 한국 사회에는 문제가 있다. 한국의 교육 시스템은 불합리한 서열을 양산해낸다. 간신히 서열에서 유리한 위치를 차지한다고 해도 젊은이들은 꿈과 열정을 잃어버리게 된다. 이것은 확실히 문제다. 그러나 둘째, 이 문제는 개개인의 탓이 아니다. 저자는 여기서 사회문제를 개인의 차원으로 환원하는 전형적인 자기계발서의 입장과 거리를 둔다. 젊은이들에게 꿈과 열정이 사라진 것은 한국의 경직된 교육 시스템 때문이다. 셋째, 그렇다면 어떻게 해야 하는가? 여기서부터 본격적으로 이 책의 자기계발적인 면모가 드러난다. 구조는 우리의 힘으로 바꿀 수 없다. 그렇다면 우리가 할 수 있는 것은 각자의 삶을 바꾸는 것뿐이다. 우리는 각자가 사는 인생의 주인이다. 그러니까 메말라 버린 꿈과 열정에 불을 지피고 삶에 대

청춘 매뉴얼 제작소
김남훈 지음, 해냄, 2010

한 주인의식을 가져야 한다. 적극적으로 노력해서 경쟁에서 이겨야 한다.

이제부터 이 책에서 사회구조에 대한 통찰은 사라지고 모든 논의는 개인적인 해결책으로 수렴된다. '개성'과 '창의성' 같은 단어들이 모든 것을 해결할 수 있는 마법의 단어처럼 사용된다. 저자는 박력 있게 인생의 해답을 제시해준다. 때로는 친한 형의, 때로는 다정한 친구의 태도를 취한다. 하지만 그 핵심을 들여다보면 기업의 사장들 말과 다를 게 없다. 여기서 사장이란 1980년대의 삼성보다는 1990년대의 벤처기업 혹은 2000년대 구글의 사장이다.

'토익 점수보다는 창의적인 마인드가 중요하다' '출신 대학보다는 개성이 중요하다'. 다시 말하면 그 이전에는 제대로 평가받지 못했던 태도와 인격마저 스펙이 된다. 그는 스펙을 비판하듯이 말하지만 사실 스펙의 외연을 확장시키고 있다. 점수가 낮은 사람들에게 "너도 경쟁력 있어"라고 말하는 방식으로 경쟁의 범위를 넓히고 있다. 저자의 판단에 따르면 오프라인에서 기회를 잡지 못한 사람들은 온라인에서 승부하면 된다. 외모가 딸리는 사람은 내면으로 승부하면 된다. 생각할 수 있는 모든 것이 나의 경쟁력을 높이는 요소가 될 수 있다.

이렇게 이 책은 '진정한 자기계발의 시대'를 알린다. 그러나 정작 저자는 그것을 모르는 것처럼 보인다. 무엇보다 그는 변화한 시대의 언어를 체득하지 못했다. 1990년대 문화운동의 맥락에서 전복적인 힘을 가졌던 '개성'이라는 말은 이제 상품으로서의 희소성을 의미한다. 저자가 강조하는 '진정성'은 더 이상 내면의 깊은 무언가가 아니라 자기소개서나 면접에서 증명해야 하는 자질을 의미한다. 주어진 시간과 급여 속에서 열정적으로 일하라는 것은 주체적으로 살라는 뜻이 아니라 최선을 다해 착취당하라는 뜻이다. 스펙에 목숨 걸지 말고 인터넷을 활용하라는 것은 인터넷으로도 스펙을 쌓으라는 뜻이다. 공부만 하는 차가운 인간이 되지 말고 사랑을 할 줄 아는 따뜻한 인간이 되라는 것은 공부와 사랑을 모두 챙기는 완벽한 사람이 되라는 뜻이다.

저자의 시대 인식에서 특히 이질적으로 느껴지는 것은 인터넷을 대하는 태도다. 그는 현실의 '진짜' 인간관계와 온라인의 '가짜' 인간관계를 대비시키고 있다. 그러나 한글을 배우는 동시에 컴퓨터를 접하고 초등학교 때부터 인터넷을 사용한 나의 입장에서 오프라인과 온라인을 분리하는 사고는 불가능하다. 온라인의 현실과 대비되는 '진짜' 현실을 강조하는 것은 내 삶이 '가짜'라고 말하는 것이나 다름없다. 저자는 블로그와 트위터 같은 매체를 효율적으로 관리하는 생활방식을 제시하지만 나는 한번도 그런 것들을 통제할 수 있는 수단으로 생각해본 적이 없다.

인터넷은 수단이거나 목적이기에 앞서 생활 자체다. 적어도 하루 세 번 업데이트 소식을 확인하고 여러 개의 계정을 왔다 갔다 하는 것은 저자의 요구처럼 "계획적이고 항목별로 잘 정리된" 삶을 살고 있기 때문이 아니라 '무절제하고 분열된' 삶을 살고 있기 때문이다. 이러한 맥락을 섬세하게 고찰하지 않고 당장 인터넷을 관리하고 통제하라는 것은 극단적인 요구다. 이는 단 한순간도 자기계발적인 주체에서 벗어나지 말라는 주문을 내포한다.

저자는 이처럼 젊은이들을 격려하려는 의도와 달리 '최신식으로 젊은이들을 착취하는 방법'을 제시하고 있다. 저자가 대안으로 내세우는 삶이란 이중 착취 구조를 내포한다. 하나는 저자가 비판하는 토익 점수 시스템, 다른 하나는 저자가 제시하는 꿈과 열정의 시스템이다. 이 구조 속의 구성원들은 토익을 공부하는 동시에 꿈과 열정까지 갖춘 완벽한 사람이 되어야 한다. 저자는 '1980년대 사장 마인드'에서 '2000년대 사장 마인드'로 이행하는 것을 일종의 '진보'라고 믿고 있다. 그러나 그건 좋아지는 길이 아니라 나빠지는 길이다. 저자가 말하는 진보란, 경쟁 체제를 유지하고 변혁의 가능성을 차단하는 논리 위에서 작동한다.

이러한 극단적인 삶의 방식을 거부하는 방법은 하나밖에 없다. 저자가 당연한 사실로 받아들이고 있는 전제를 뿌리부터 다시 고찰하는 것이다. 잘못된 구조 속에서 우리가 할 수 있는 최선은 '각개격파' 뿐이라는 바로 그 전제 말이다. 그 전제를 인정해버리는 순간 우리가 할 수 있는 것이라고는 이기거나 지거나, 둘 중 하나뿐이다. 거기까지 가버리면 선택의 여지는 최악과 차악밖에 남지 않는다. 하지만 곰곰이 생각해봐야 한다. 우리가 바라는 게 고작 그 정도인지에 대해서 말이다.

박연 대학생. 관심사는 혁명. 저서로 『요새 젊은 것들』(공저, 2010)이 있다.

◆ 함께 읽으면 좋을 책들 (출간연도순)

D등급 그녀 진소라 지음, 예담, 2011

나의 블랙 미니 드레스 (1 · 2) 김민서 지음, 휴먼앤북스, 2011

두근두근 내 인생 김애란 지음, 창비, 2011

레알 청춘 청년유니온 지음, 삶이보이는창, 2011

병신 같지만 멋지게 저스틴 핼펀 지음, 호란 옮김, 웅진지식하우스, 2011

본격 시사인 만화 굽시니스트 지음, 시사IN북, 2011

열혈청춘 강경란 · 노희경 · 박원순 · 법륜 · 윤명철 지음, 휴(休), 2011

일인시위 사이시옷 지음, 헤르츠나인, 2011

자기계몽 이인 지음, 인간사랑, 2011

자기만의 방 정민우 지음, 이매진, 2011

제발, 그대로 살아도 괜찮아 표철민 지음, 링거스그룹, 2011

철수 사용 설명서 전석순 지음, 민음사, 2011

청춘에게 딴짓을 권한다 임승수 지음, 위즈덤하우스, 2011

할 수 있다, 믿는다, 괜찮다 김주희 지음, 다산책방, 2011

힘내라 청춘 법륜 지음, 정토출판, 2011

7번 국도 Revisited 김연수 지음, 문학동네, 2010

가난뱅이 난장쇼 마쓰모토 하지메 지음, 김경원 옮김, 이순, 2010

디지털 세계의 앨리스 이요훈 지음, 이파르, 2010

먼지의 여행 신혜 글·그림, 샨티, 2010

백의 그림자 황정은 지음, 민음사, 2010

사라다 햄버튼의 겨울 김유철 지음, 문학동네, 2010

여덟 번째 방 김미월 지음, 민음사, 2010

영이 김사과 지음, 창비, 2010

우리 제발 헤어질래? 고예나 지음, 자음과모음, 2010

이말년 씨리즈 이말년 지음, 중앙books, 2010

퀴즈쇼 김영하 지음, 문학동네, 2010

100% 스무 살 김수현 글·그림, 마음의숲, 2009

가난뱅이의 역습 마쓰모토 하지메 지음, 김경원 옮김, 이루, 2009

게으름을 죽여라 구경미 지음, 문학동네, 2009

누구의 연인도 되지 마라 김현진 지음, 레드박스, 2009

대한민국 20대, 자취의 달인 김귀현·이유하 지음, 에쎄, 2009

대한민국 표류기 허지웅 지음, 수다, 2009

레닌을 사랑한 오타쿠 김민하 지음, 텍스트, 2009

무한동력 (1·2) 주호민 글·그림, 상상공방, 2009

부코스키가 간다 한재호 지음, 창비, 2009

붕가붕가레코드의 지속가능한 딴따라질 붕가붕가레코드 지음, 푸른숲, 2009

붕어빵과 개구멍 서영교 지음, 텍스트, 2009

스무 살, 모든 것을 걸어라 정진아 외 지음, 베스트프렌드, 2009

인생기출문제집 (1·2) 박웅현 외 지음, 북하우스, 2009~2010

쿨하게 한걸음 서유미 지음, 창비, 2008

〈마음의 소리〉 시리즈 조석 글·그림, 중앙books·코리아하우스, 2007~2011

88만원 세대 우석훈·박권일 지음, 레디앙, 2007

당신의 스무 살을 사랑하라 김현진 지음, 해냄, 2007

젊은 Googler의 편지 김태원 지음, 소금나무, 2007

백수생활백서 박주영 지음, 민음사, 2006

천유로 세대 안토니오 인코르바이아·알렉산드로 리마싸 지음, 김효진 옮김, 예담, 2006

달려라, 아비 김애란 지음, 창비, 2005

습지생태보고서 최규석 지음, 거북이북스, 2005

카스테라 박민규 지음, 문학동네, 2005

스무살 김연수 지음, 문학동네, 2000

앎과삶 시리즈 2

20대 오늘, 한국 사회의 최전선

2011년 7월 15일 1판 1쇄 인쇄
2011년 7월 25일 1판 1쇄 발행

지은이　　한기호 외 31명
펴낸이　　한기호
책임편집　오효영
편집　　　이은진·박윤아
교정교열　최연진
경영지원　김은미

펴낸곳　　한국출판마케팅연구소
　　　　　　출판등록 2000년 11월 6일 제10-2065호
　　　　　　주소 121-842 서울시 마포구 서교동 464-46 서강빌딩 202호
　　　　　　전화 02-336-5675 팩스 02-337-5347
　　　　　　이메일 kpm@kpm21.co.kr
　　　　　　홈페이지 www.kpm21.co.kr

인쇄　　　예림인쇄
총판　　　(주)송인서적 전화 031-950-0900 팩스 031-950-0955

ISBN 978-89-89420-73-6 04080
　　　978-89-89420-71-2 (세트)
값 10,000원